Grandes | Un barrio del centro de Madrid

Fremdsprachentexte | Spanisch

Almudena Grandes
Un barrio del centro de Madrid

«Los besos en el pan», primera parte

Herausgegeben von Klaus Amann

Reclam

RECLAMS UNIVERSAL-BIBLIOTHEK Nr. 19968
2020 Philipp Reclam jun. Verlag GmbH,
Siemensstraße 32, 71254 Ditzingen

Gestaltung: Cornelia Feyll, Friedrich Forssman
Druck und Bindung: Esser printSolutions GmbH,
Untere Sonnenstraße 5, 84030 Ergolding
Printed in Germany 2024

ISBN 978-3-15-019968-8
www.reclam.de

A mis hijos,
que nunca han besado el pan

Pobre fue mi padre,
muy pobre,
y el padre de mi padre
y pobre soy yo.
[...]

No tener nada mata la sangre aquí,
en España, y no te quitas el olor a pobre nunca,
y acaban convirtiendo tu pobreza
en culpabilidad, todo un arte moral.

Pobres y culpables,
el padre de mi padre,
mi padre
y yo.

Manuel Vilas, «Historia de España»,
Poesía completa (1980–2015)

10 **acabar** (+ ger.): schließlich doch etwas tun. | 11 **la culpabilidad:** Schuldhaftigkeit. | 16 **Manuel Vilas:** spanischer Schriftsteller, Dichter und Essayist (geb. 1962).

I
Antes

Estamos en un barrio del centro de Madrid. Su nombre no importa, porque podría ser cualquiera entre unos pocos barrios antiguos, con zonas venerables, otras más bien vetustas. Este no tiene muchos monumentos pero es de los bonitos, porque está vivo.

Mi barrio tiene calles irregulares. Las hay amplias, con árboles frondosos que sombrean los balcones de los pisos bajos, aunque abundan más las estrechas. Estas también tienen árboles, más apretados, más juntos y siempre muy bien podados, para que no acaparen el espacio que escasea hasta en el aire, pero verdes, tiernos en primavera y amables en verano, cuando caminar por la mañana temprano por las aceras recién regadas es un lujo sin precio, un placer gratuito. Las plazas son bastantes, no muy grandes. Cada una tiene su iglesia y su estatua en el centro, figuras de héroes o de santos, y sus bancos, sus columpios, sus vallados para los perros, todos iguales entre sí, producto de alguna contrata municipal sobre cuyo origen es mejor no indagar mucho. A cambio, los callejones, pocos pero preciosos, sobre todo para los enamorados clandestinos y los adolescentes partida-

3 **venerable:** (alt)ehrwürdig. | 3 f. **vetusto/a** (pey.): altmodisch, antiquiert. | 7 **frondoso/a:** dicht belaubt. | **sombrear algo:** jdm./etwas Schatten spenden. | 8 **abundar:** reichlich vorhanden sein. | 9 **apretado/a:** eng, dicht. | 10 **podar:** stutzen, beschneiden. | **acaparar:** beanspruchen. | **escasear:** knapp sein (*escaso/a:* spärlich, gering, knapp). | 13 **la acera:** Gehweg, Bürgersteig. | **regar** (e > ie): gießen. | 16 **el columpio:** Schaukel. | **el vallado:** Zaun. | 17 **la contrata:** Ausschreibung. | 18 **indagar:** ermitteln, nachfragen. | 19 **el callejón:** Gasse. | 20 f. **el partidario / la partidaria de:** Anhänger(in) von.

rios de no entrar en clase, han resistido heroicamente, año tras año, los planes de exterminio diseñados para ellos en las oficinas de urbanismo del Ayuntamiento. Y ahí siguen, vivos, como el barrio mismo.

Pero lo más valioso de este paisaje son las figuras, sus vecinos, tan dispares y variopintos, tan ordenados o caóticos como las casas que habitan. Muchos de ellos han vivido siempre aquí, en las casas buenas, con conserje, ascensor y portal de mármol, que se alinean en las calles anchas y en algunas estrechas, o en edificios más modestos, con un simple chiscón para el portero al lado de la puerta o ni siquiera eso. En este barrio siempre han convivido los portales de mármol y las paredes de yeso, los ricos y los pobres. Los vecinos antiguos resistieron la desbandada de los años setenta del siglo pasado, cuando se puso de moda huir del centro, soportaron la movida de los ochenta, cuando la caída de los precios congregó a una multitud de nuevos colonos que llegaron cargados de estanterías del Rastro, posters del Che

1 **resistir:** widerstehen, Widerstand leisten. | 2 **el exterminio:** Vernichtung. | 3 **el urbanismo:** Stadtplanung. | 6 **dispar:** ungleich, verschiedenartig. | **variopinto/a:** vielfältig, bunt. | 8 **el/la conserje** (fran.): Concierge; Hausmeister(in). | 9 **el mármol:** Marmor. | **alinearse:** in einer Reihe stehen. | 11 **el chiscón:** Pförtnerloge. | 13 **el yeso:** Gips. | 14 **la desbandada:** überstürzte Flucht, Fluchtwelle. | 16 **la movida:** in den 80er Jahren geprägter Begriff für das wieder erwachte Nacht- und (Sub-)Kulturleben nach dem Ende der Franco-Diktatur, besonders in Madrid. Heute meint der Begriff allgemein Szene- und Partyleben. | 17 **congregar:** versammeln. | **el colono / la colona:** Siedler(in). | 18 **el Rastro:** berühmter Flohmarkt in Madrid. | **Che Guevara:** Ernesto »Che« Guevara (1928–1967), argentinischer Arzt und Marxist, der mit Fidel Castro die kubanische Revolution zum Sieg führte und dessen millionenfach gedrucktes Porträt zum Symbol der kommunistischen Revolution wurde.

Guevara, y telas hindúes que lo mismo servían para adornar la pared, cubrir la cama o forrar un sofá desvencijado, rescatado por los pelos de la basura, y sobrevivieron al resurgir de los noventa, cuando en el primer ensayo de la burbuja inmobiliaria resultó que lo más *cool* era volver a vivir en el centro.

Después, la realidad empezó a tambalearse al mismo tiempo para todos ellos. Al principio sintieron un temblor, se encontraron sin suelo debajo de los pies y creyeron que era un efecto óptico. No será para tanto, se dijeron, pero fue, y nada cambió en apariencia mientras el asfalto de las calles se resquebrajaba y un vapor ardiente, malsano, infectaba el aire. Nadie vio aquellas grietas, pero todos sintieron que a través de ellas se escapaba la tranquilidad, el bienestar, el futuro. Tampoco reaccionaron todos igual. Quienes renunciaron al combate ya no viven aquí. Los demás siguen luchando contra el dragón con sus propias armas, cada uno a su manera.

Los mayores no tienen tanto miedo.

Ellos recuerdan que, no hace tanto, en las mañanas heladas del invierno las muchachas de servicio no andaban por

1 **hindú:** indisch. | 2 **forrar:** überziehen, umhüllen. | **desvencijado/a:** klapprig, wacklig. | 2 f. **rescatar:** retten. | 3 **por los pelos** (loc.): um ein Haar, knapp. | **resurgir:** wieder aufleben, auferstehen. | 4 f. **la burbuja inmobiliaria:** Immobilienblase. | 7 **tambalearse:** wanken, taumeln. | 8 **el temblor:** Zittern. | 10 **no ser para tanto** (fam.): nicht so schlimm sein. | 11 **en apariencia:** dem Anschein nach, anscheinend. | 12 **resquebrajarse:** Risse bekommen. | **ardiente:** brennend (*arder:* brennen). | **malsano:** ungesund. | 13 **la grieta:** Spalt, Riss. | 14 **el bienestar:** Wohlstand. | 16 **el combate:** Kampf. | 17 **el dragón:** Drache. | 21 **la muchacha de servicio** (m.): Dienstmädchen.

las calles de Madrid. Las recuerdan siempre corriendo, los brazos cruzados sobre el pecho para intentar retener el calor de una chaqueta de lana, las piernas desnudas, los pies sin calcetines, siempre veloces en sus escuetas zapatillas de lona. Recuerdan también a ciertos hombres oscuros que caminaban despacio, las solapas de la americana levantadas y una maleta de cartón en una mano. Los niños de entonces los mirábamos, nos preguntábamos si no tendrían frío, nos admirábamos de su entereza y nos guardábamos la curiosidad para nosotros mismos.

En los años sesenta del siglo XX, la curiosidad era un vicio peligroso para los niños españoles, que crecimos entre fotografías – a veces enmarcadas sobre una cómoda, a veces enterradas en un cajón – de personas jóvenes y sonrientes a quienes no conocíamos.

– ¿Y quién es este?

– Pues … – eran tías o novios, primas o hermanos, abuelos o amigas de la familia, y estaban muertos.

– ¿Y cuándo murió?

– ¡Uy! – y los adultos empezaban a ponerse nerviosos –. Hace mucho tiempo.

– ¿Y cómo, por qué, qué pasó?

– Fue en la guerra, o después de la guerra, pero es una historia tan fea, es muy triste, mejor no hablar de temas desagradables … – ahí, en aquel misterioso conflicto del que

2 **retener** (e>ie): behalten, zurückhalten. | 4 **escueto/a:** schlicht. | 4 f. **la zapatilla de lona:** Stoffturnschuh (*la lona:* Plane, Leinwandstoff). | 6 **la solapa:** Aufschlag, Revers. | 9 **admirarse de algo:** sich über etwas wundern. | **la entereza:** Beharrlichkeit. | 11 f. **el vicio:** Laster, schlechte Angewohnheit. | 13 **enmarcado/a:** eingerahmt. | 14 **enterrado/a:** vergraben.

nadie se atrevía a hablar aunque escocía en los ojos de los adultos como una herida abierta, infectada por el miedo o por la culpa, terminaban todas las conversaciones –. ¿Qué pasa, que ya has acabado los deberes? Pues vete a jugar, o mejor ve a bañarte, corre, que luego os juntáis todos y se acaba el agua del termo …

Así, los niños de entonces aprendimos a no preguntar, aunque a los españoles de hoy no les gusta recordarlo. Tampoco acordarse de que vivían en un país pobre, aunque eso no era ninguna novedad. Los españoles siempre hemos sido pobres, incluso en la época en que los reyes de España eran los amos del mundo, cuando el oro de América atravesaba la península sin dejar a su paso nada más que el polvo que levantaban las carretas que lo llevaban a Flandes, para pagar las deudas de la Corona. En el Madrid de mediados del siglo XX, donde un abrigo era un lujo que no estaba al alcance de las muchachas de servicio ni de los jornaleros que paseaban por las calles para hacer tiempo, mientras esperaban la hora de subirse al tren que los llevaría muy lejos, a la vendimia francesa o a una fábrica alemana, la pobreza seguía siendo un destino familiar, la única herencia que muchos padres podían legar a sus hijos. Y sin embargo, en ese

1 **atreverse:** wagen, sich trauen. | **escocer:** brennen. | 6 **el termo:** Thermosflasche; hier: Boiler. | 12 **el amo / la ama:** Herr(in), Herrscher(in). | 13 **el paso:** Schritt; hier: Vorbeiziehen. | 14 **la carreta:** Planwagen, Karre. | **Flandes:** Flandern (Teil Belgiens). | 15 **la Corona:** die spanische Krone (das Königshaus). | 15 f. **mediados del siglo:** Mitte des Jahrhunderts. | 16 f. **estar al alcance de:** hier: erschwinglich sein (*el alcance:* Reichweite) | 17 **el jornalero / la jornalera:** Tagelöhner(in). | 18 **hacer tiempo** (fam.): sich die Zeit vertreiben, die Zeit totschlagen. | 20 **la vendimia:** Weinlese (*vendimiar:* Wein lesen). | 21 **la herencia:** Erbe. | 22 **legar:** vermachen, vererben.

patrimonio había algo más, una riqueza que los españoles de hoy hemos perdido.

Por eso los mayores tienen menos miedo. Ellos hacen memoria de su juventud y lo recuerdan todo, el frío, los mutilados que pedían limosna por la calle, los silencios, el nerviosismo que se apoderaba de sus padres si se cruzaban por la acera con un policía, y una vieja costumbre ya olvidada, que no supieron o no quisieron transmitir a sus hijos. Cuando se caía un trozo de pan al suelo, los adultos obligaban a los niños a recogerlo y a darle un beso antes de devolverlo a la panera, tanta hambre habían pasado sus familias en aquellos años en los que murieron todas esas personas queridas cuyas historias nadie quiso contarles.

Los niños que aprendimos a besar el pan hacemos memoria de nuestra infancia y recordamos la herencia de un hambre desconocida ya para nosotros, esas tortillas francesas tan asquerosas que hacían nuestras abuelas para no desperdiciar el huevo batido que sobraba de rebozar el pescado. Pero no recordamos la tristeza.

La rabia sí, las mandíbulas apretadas, como talladas en piedra, de algunos hombres, algunas mujeres que en una sola vida habían acumulado desgracias suficientes como

1 **el patrimonio:** Erbe. | 3 f. **hacer memoria:** sich genau erinnern. | 5 **el mutilado / la mutilada:** (Kriegs-)Versehrte(r). | 6 **apoderarse de alg.:** jdn. überkommen, sich jds. bemächtigen. | 8 **transmitir:** weitergeben, übermitteln, übertragen. | 9 f. **obligar a alg. a:** jdn. zwingen zu. | 11 **la panera:** Brotkorb. | 16 f. **la tortilla francesa:** Omelett. | 17 **asqueroso/a:** scheußlich, ekelhaft (*el asco:* Ekel, Widerwille). | 17 f. **desperdiciar:** vergeuden. | 18 **sobrar:** übrig bleiben. | **rebozar:** panieren. | 20 **las mandíbulas apretadas:** zusammengebissene Zähne (*la mandíbula*: Kiefer). | **tallado/a:** gehauen. | 22 **acumular:** anhäufen. | **la desgracia:** Unglück (*desgraciado/a:* unglücklich).

para hundirse seis veces, y que sin embargo seguían de pie. Porque en España, hasta hace treinta años, los hijos heredaban la pobreza, pero también la dignidad de sus padres, una manera de ser pobres sin sentirse humillados, sin dejar de ser dignos ni de luchar por el futuro. Vivían en un país donde la pobreza no era un motivo para avergonzarse, mucho menos para darse por vencido. Ni siquiera Franco, en los treinta y siete años de feroz dictadura que cosechó la maldita guerra que él mismo empezó, logró evitar que sus enemigos prosperaran en condiciones atroces, que se enamoraran, que tuvieran hijos, que fueran felices. No hace tanto tiempo, en este mismo barrio, la felicidad era también una manera de resistir.

Después, alguien nos dijo que había que olvidar, que el futuro consistía en olvidar todo lo que había ocurrido. Que para construir la democracia era imprescindible mirar hacia delante, hacer como que aquí nunca había pasado nada. Y al olvidar lo malo, los españoles olvidamos también lo bueno. No parecía importante porque, de repente, éramos guapos, éramos modernos, estábamos de moda … ¿Para qué recordar la guerra, el hambre, centenares de miles de muertos, tanta miseria?

1 **hundirse:** untergehen, scheitern. | 4 **humillar:** demütigen, erniedrigen (*la humillación:* Demütigung, Schmach, Erniedrigung). | 6 **avergonzarse:** sich schämen. | 7 **darse por vencido:** aufgeben, sich geschlagen geben. | **Franco:** Der General Francisco Franco (1892–1975) löste 1936 den spanischen Bürgerkrieg aus, in dem die demokratischen Kräfte besiegt wurden. Nach Kriegsende im Jahr 1939 herrschte er an der Spitze einer Militärdiktatur, die bis zu seinem Tod 1975 währte. | 8 **feroz:** grausam, brutal. | **cosechar:** ernten. | 10 **prosperar:** gedeihen, Erfolg haben. | **atroz:** furchtbar, grässlich. | 15 **consistir en:** bestehen aus. | 16 **imprescindible:** unerlässlich, unbedingt erforderlich.

Así, renegando de las mujeres sin abrigo, de las maletas de cartón y de los besos en el pan, los vecinos de este barrio, que es distinto pero semejante a muchos otros barrios de cualquier ciudad de España, perdieron los vínculos con su propia tradición, las referencias que ahora podrían ayudarles a superar la nueva pobreza que los ha asaltado por sorpresa, desde el corazón de esa Europa que les iba a hacer tan ricos y les ha arrebatado un tesoro que no puede comprarse con dinero.

Así, los vecinos de este barrio, más que arruinados, se encuentran perdidos, abismados en una confusión paralizante e inerme, desorientados como un niño mimado al que le han quitado sus juguetes y no sabe protestar, reclamar lo que era suyo, denunciar el robo, detener a los ladrones.

Si nuestros abuelos nos vieran, se morirían primero de risa, después de pena. Porque para ellos esto no sería una crisis, sino un leve contratiempo. Pero los españoles, que durante muchos siglos supimos ser pobres con dignidad, nunca habíamos sabido ser dóciles.

Nunca, hasta ahora.

Esta es la historia de muchas historias, la historia de un barrio de Madrid que se empeña en resistir, en seguir pareciéndose a sí mismo en la pupila del ojo del huracán, esa

1 **renegar** (e>ie): verleugnen. | 4 **el vínculo:** Verbindung, Beziehung. | 5 **la referencia:** Hinweis, Anhaltspunkt. | 6 **superar:** überwinden. | 8 **arrebatar:** entreißen. | 10 **arruinar:** ruinieren. | 11 **abismado/a:** versunken. | 11 f. **paralizante:** lähmend. | 12 **inerme:** wehrlos, unbewaffnet. | **mimado/a:** verwöhnt, verhätschelt (*mimar:* verwöhnen). | 17 **leve:** leicht. | **el contratiempo:** Zwischenfall. | 19 **dócil:** zahm, fügsam. | 22 **empeñarse en:** sich bemühen um.

crisis que amenazó con volverlo del revés y aún no lo ha conseguido.

En este barrio viven familias completas, parejas con perro y sin perro, con niños, sin ellos, y personas solas, jóvenes, maduras, ancianas, españolas, extranjeras, a veces felices y a veces desgraciadas, casi siempre felices y desgraciadas a ratos. Algunos se han hundido, pero son más quienes resisten por sí mismos y por los demás, y se obstinan en cultivar sus viejos ritos, sus costumbres de antes, para no dejar de ser quienes son, para que sus vecinos puedan seguir llamándoles por su nombre.

La peluquería de Amalia estuvo a punto de cerrar cuando abrieron una manicura china justo enfrente, pero sus clientas le fueron leales aunque no le quedó más remedio que bajar los precios.

El bar de Pascual sigue abierto, aunque cada día es menos un bar y más una sede, la de los vecinos que pelean por conservar los pisos de alquiler social que el Ayuntamiento vendió a traición a un fondo buitre, la de la Asociación de Mujeres que tuvo que cerrar su local cuando se quedó sin subvenciones, la de la AMPA del colegio que ya no abre por las

1 **volver algo del revés:** etwas auf den Kopf stellen, etwas umstülpen. | 8 **obstinarse en:** hartnäckig bestehen auf. | 9 **el rito:** Ritual. | 13 **la manicura:** Manikürsalon. | 14 **leal:** loyal. | **no le quedó más remedio** (m., fam.): ihr blieb nichts anderes übrig (*no hay remedio:* da ist nichts zu machen). | 17 **la sede:** Sitz, Treffpunkt. | 18 **el piso de alquiler** (m.) **social:** Sozialbauwohnung. | 19 **a traición:** heimtückisch, hinterlistig (*la traición:* Verrat). | **el fondo buitre:** Hedgefond, hochriskanter Investmentfond, der Wertpapiere zahlungsunfähiger Unternehmen, Staaten oder Komunen weit unter deren eigentlichem Wert erwirbt (*el buitre:* Geier). | 19 f. **la asociación de mujeres** (f.): Frauenverein. | 21 **el AMPA:** *Asociación de* ***M****adres,* ***P****adres y* ***A****poderados:* Elternverein einer Schule.

tardes porque le recortaron los fondos para extraescolares ... A su dueño no le importa. Pascual es un hombre tranquilo, bienhumorado, que se conforma con exigir que, al menos, uno de cada tres socios de la asociación que sea pida de vez en cuando una cerveza. A los otros dos, si no hay más remedio, les sirve un vaso de agua con una sonrisa en los labios.

Muchas tiendas antiguas han cerrado. Han abierto otras nuevas, casi siempre baratas, aunque no todas son orientales. La churrería, la farmacia, la papelería, el mercado, siguen en el mismo sitio, eso sí, como los puntos cardinales del barrio de antaño, el barrio de ahora.

Por lo demás, en septiembre empieza el curso, en diciembre llega la Navidad, en abril brotan las plantas, en verano, el calor, y entretanto pasa la vida.

Vengan conmigo a verla.

1 **recortar:** kürzen. | **los fondos:** Geldmittel. | 1 f. **(la actividad) extraescolar:** außerschulische Aktivität. | 9 f. **oriental:** asiatisch, fernöstlich. | 10 **la churrería:** Churros-Stand. | 11 **el punto cardinal:** Himmelsrichtung. | 12 **de antaño:** einstig, von früher. | 13 **el curso:** hier: Schuljahr. | 14 **brotar:** knospen, aufblühen. | 15 **entretanto:** inzwischen, unterdessen.

II
Ahora

La familia Martínez Salgado vuelve de las vacaciones y parece que de pronto se llena el barrio de gente.

Tres coches entran en la ciudad en fila india, en el mismo orden que adoptaron esta mañana para abandonar un pueblo de la costa situado a casi cuatrocientos kilómetros de Madrid.

En el primero, que ha pasado ya dos ITV, pero sigue siendo grande y está muy limpio, vuelve Pepe Martínez con sus padres y su hija Mariana.

En el segundo, un poco más modesto, sin pegatinas a la vista y tan sucio como si su dueña hubiera pretendido traerse media playa de recuerdo, vuelve Diana Salgado con su madre y su hijo pequeño, Pablo, que ha amenizado el viaje repitiendo la misma pregunta – ¿cuánto falta? – cada dos o tres kilómetros.

En el tercero, que primero fue de Pepe, después de Diana, y durante años ha seguido acumulando adhesivos de todos los colores hasta completar la admirable colección que exhibe el lateral derecho del parabrisas, vuelve Jose, el hijo mayor, con su novia y *Tigre*, el gato de la familia, recluido en ese infernal instrumento de tortura que se llama transportín.

3 **en fila (f.) india:** im Gänsemarsch, hintereinander. | 4 **adoptar:** annehmen, einnehmen. | 7 **el ITV:** ***Inspección Técnica de Véhiculos:*** TÜV. | 10 **modesto/a:** bescheiden. | **la pegatina:** Aufkleber, Sticker. | 11 **pretender:** vorhaben, beabsichtigen. | 13 **amenizar:** beleben, angenehm machen. | 17 **acumular:** ansammeln, anhäufen. | **el adhesivo:** Aufkleber, Sticker. | 19 **el lateral:** Seite. | **el parabrisas:** Windschutzscheibe. | 20 **recluir:** einsperren. | 21 **infernal:** höllisch. | **el transportín:** Tiertransportbox.

– Bueno, pues ya estamos otra vez aquí – exclama Pepe mientras mete la última maleta en el ascensor de la casa de sus padres –. ¡Las vacaciones se hacen siempre tan cortas! Qué pena.

– ¡Ay sí! – su madre se cuelga de su cuello, le besa en las mejillas con expresión compungida –. Nos lo hemos pasado tan bien …

– Muchas gracias por todo, hijo – y su padre le abraza sólo un poco, como si, desde el día en que cumplió diez años, le diera vergüenza abrazarlo del todo –, pero vete ya, anda, a ver si te van a poner una multa por estar en doble fila.

Pepe vuelve al coche y espera a que su padre se asome a la terraza del salón, para certificar que todo está en orden, antes de marcharse. Lo que nunca podría adivinar es lo que está diciendo su madre mientras su marido mueve una mano en el aire.

– ¡Qué gusto, Dios mío! ¿Sabes lo que voy a hacer ahora mismo?

– Claro que lo sé – él va hacia ella, la abraza –. Quitarte el sujetador.

– No, eso después. Primero voy a bajar a la calle, voy a comprar la oreja de cerdo más grande que encuentre y voy a poner en remojo unas lentejitas …

– ¡Ay, sí! – a él se le hace la boca agua –. Ya se han acabado las ensaladas de espinacas con champiñones crudos.

5 **colgarse** (o > ue) **de algo:** sich an etwas hängen. | 6 **compungido/a:** bedrückt. | 11 **la multa:** Geldstrafe, Bußgeld. | **en doble fila:** in zweiter Reihe. | 12 **asomarse:** erscheinen, sich zeigen. | 14 **adivinar:** erraten. | 20 **el sujetador:** BH. | 22 **la oreja de cerdo** (m.): Schweinsohr. | 23 **poner en remojo** (m.): einweichen. | **las lentejitas** (dim.): feine Linsen. | 24 **se le hace agua la boca** (loc.): das Wasser läuft ihm im Mund zusammen.

– Y la pechuga de pavo para cenar. Esta noche voy a hacer una tortilla paisana con su chorizo, su jamón, sus guisantitos …

– Qué alegría. Voy a poner a Bambino para celebrarlo.

– ¡Muy bien! – ella se ríe, se levanta la falda con una mano, ensaya dos pasos de rumba al ritmo de una música que suena sólo en su cabeza –. Que ya está bien del *chilaut* ese …

Al rato, Diana acompaña a su madre hasta la puerta a pesar de sus protestas.

– Bueno, pues ya estamos otra vez aquí – exclama al dejar la última bolsa en el recibidor de la casa donde se ha criado –. ¡Qué pena!, ¿verdad, mamá? Qué cortas se hacen siempre las vacaciones.

En un solo movimiento, su madre la abraza, la besa con fuerza y empieza a empujarla hacia la escalera.

– Sí, pero vete ya, corre, que hemos dejado al niño solo y yo estoy bien, hija, no necesito nada, de verdad …

Después cierra la puerta, se descalza sin mirar adónde van a parar las sandalias, sale al balcón para decirle adiós a su nieto con la mano, y mientras pierde de vista el coche de su hija, abre los brazos, da una vuelta completa sobre los talones y suspira.

– ¡Qué gusto, Dios mío!

2 f. **el guisantito** (dim.): kleine Erbse. | 4 **Bambino:** Miguel Vargas Jiménez (1940–1999), mit Künstlernamen Bambino, war ein Sänger, der mit seinen unverwechselbaren Liedern im Flamenco-Stil zu den Erneuerern dieser andalusischen Musik zählt. | 7 **ya está bien del chilaut:** genug gechillt (*to chill out,* ingl.: chillen, entspannen). | 11 **el recibidor:** Eingangsbereich. | 11 f. **criarse:** aufwachsen. | 18 **descalzarse:** sich die Schuhe ausziehen. | 22 **el talón:** Ferse.

A continuación abre la maleta, mete una mano hasta el fondo como si supiera dónde está exactamente lo que busca, saca un paquete de tabaco, enciende un cigarrillo y da tres caladas con los ojos cerrados. Antes de la cuarta, se dirige a la cocina y, tras la quinta, se hace un café del color exacto que su hija le tiene terminantemente prohibido, más negro que el alma de Satanás. Armada con la taza, entra en su despacho, enciende el ordenador, mueve el ratón para activar un icono con forma de casco de guerrero antiguo y hasta se emociona al escuchar esa musiquilla que ha echado tanto de menos.

– Griegos malditos ... – murmura mientras se registra con su nick en *¡Que arda Troya!, estrategia, multijugador, online* –. ¡Andrómaca ha vuelto! – y enciende otro pitillo mientras selecciona la partida que dejó inconclusa antes de su viaje a la playa –. Te vas a cagar, Aquiles.

Pepe llega a casa antes que su mujer y se encuentra con el pobre *Tigre*, metido aún en el transportín, encima del felpudo.

1f. **hasta el fondo:** bis ganz hinten/unten. | 4 **la calada:** Zug (an der Zigarette). | 6 **terminantemente:** strengstens. | 7 **Satanás:** Satan, Teufel. | **armado/a:** bewaffnet. | 8 **el icono:** Icon, Symbol. | 9 **el casco de guerrero:** Schlachthelm, Helm eines Kriegers. | 10 **la musiquilla:** Hintergrundmusik, Gedudel. | 11 **maldito/a:** verflucht, verdammt. | 12 **nick(name)** (ingl.): Spitzname. | **«¡Que arda Troya!»:** »Troja soll brennen!«, Prophezeiung der Kassandra in Homers *Odyssee.* Hier Name des Computerspiels. | **multijugador:** Multiplayer. | 13 **Andrómaca:** Andromache (›die Männer Bekämpfende‹), in der griechischen Mythologie Frau des Hektor; Symbol einer schwer vom Schicksal geprüften Frau. | **el pitillo:** Zigarette. | 14 **inconcluso/a:** unbeendet. | 15 **Te vas a cagar** (vulg.): etwa: Ich mach dich fertig (*cagarse:* Schiss haben/kriegen). | **Aquiles:** Achilles, Held der griechischen Mythologie, fast unverwundbar, Protagonist in Homers *Ilias.* | 17 **el felpudo:** Fußmatte.

– ¡Joder con el niño este! – murmura mientras libera al animal de su cárcel para ponerse la camisa perdida de pelos húmedos, impregnados en el clásico aroma a pis de gato –. ¿Qué tendrá que hacer con tantas prisas?

– Papá … – Mariana, diecisiete años muy espabilados, pasa a su lado como una exhalación y se vuelve a mirarle un segundo antes de cerrar la puerta de su cuarto con pestillo –. A veces pareces tonto.

– Ya, ya.

A pesar de todo, cuando deja al gato en el suelo y mira a su alrededor, está a punto de pronunciar las mismas palabras que grita Mariana mientras enciende su superordenador, con todos los cachivaches del mundo acoplados y una conexión superferolítica que la ha metido en Google en menos que se tarda en decir amén.

– ¡Qué gusto, Dios mío!

Porque ya no tiene que pelearse con el resto de su familia por un único portátil, ni compartir dormitorio, ni esperar turno para ducharse al volver de la playa, ni ir a la playa, ni entrar en el mar con sus dos abuelas cogiéndola de la mano como si todavía tuviera cinco años.

– ¡Qué gusto! – repite en voz baja como si necesitara acomodarse a su suerte, y mueve el ratón, acaricia el teclado,

1 **¡joder!** (vulg.): zum Teufel!; verdammt!, Scheiße! (*joder a alg.*, vulg.: jdn. vögeln; [fig.] jdn. belästigen). | 2 **ponerse perdido/a de** (fam.): sich einsauen mit. | 3 **impregnado/a:** durchtränkt. | **el pis:** Pisse. | 5 **espabilado/a:** aufgeweckt. | 5 f. **pasar como una exhalación** (loc.): wie der Blitz vorbeisausen. | 7 f. **el pestillo:** Türriegel. | 13 **los cachivaches** (pl.): Krempel, Plunder; hier: Schnickschnack. | **acoplar:** zusammenfügen, verkoppeln. | 14 **superferolítico/a:** superschnell. | 18 **el portátil:** Laptop. | 22 f. **acomodarse a:** sich gewöhnen an.

contempla la pantalla con la más amorosa de las devociones, hasta que entra en Facebook y se encuentra con un nombre que la descoloca –: ¡Andrómaca! ¿Otra vez Andrómaca? ¡Pero qué petarda! Mira que es pesada …

Intenta eliminarla de todos sus contactos pero, como de costumbre, vuelve a aflorar con la persistencia de una mancha de fuel en la costa del Mediterráneo.

– ¿Y quién será, la tía esta?

Mientras tanto, Pepe ya ha tenido tiempo de quedar con dos amigos para ir al fútbol al día siguiente, la primera jornada en casa y con un recién ascendido, un regalo de bienvenida del calendario, y las cañitas de antes, y las copas de después, y el lunes a trabajar, tan ricamente, él solito, en su despacho con aire acondicionado, diseñando sistemas y motores para aviones, que es precisamente lo que sabe hacer, y no montar sombrillas que se le vuelan, ni asar chuletas que se le queman, ni pasear ancianos que se le cansan, ni esperar colas de media hora en los supermercados para que su hija le eche una bronca después, encima, porque los yogures están a punto de caducar, y te los he pedido con fibra, no con soja, que la de la soja es mamá, a ver si te enteras …

1 **contemplar:** betrachten. | 1 f. **la devoción:** Hingabe. | 3 **descolocar a alg.:** jdn. verwirren. | 4 **el petardo / la petarda** (fam.): lästige, nervige Person. | 6 **aflorar:** aufscheinen, zu Tage treten. | **la persistencia:** Hartnäckigkeit. | 6 f. **la mancha de fuel** (m.): Ölfleck, Ölteppich. | 8 **la tía** (fam.): Type, Tusse, ‚Tante'. | 10 f. **la jornada en casa** (f.): Heimspiel. | 11 **el recién ascendido:** Aufsteiger. | 12 **la cañita** (dim.): Bierchen. | 16 **la sombrilla:** Sonnenschirm. | 18 **esperar colas** (f.): Schlange stehen. | 19 **echarle una bronca a alg.:** jdn. zurechtweisen. | 20 **caducar:** ablaufen (Verfallsdatum). | **la fibra:** Ballaststoff. | 21 **la soja:** Soya.

– ¡Qué gusto, Dios mío! – proclama al fin mientras va a la nevera a por una cerveza, para ir preparando el partido.

Y desde la ventana de la cocina ve pasar el coche de su mujer, que va a tener que aparcar en la calle porque él ya ha metido el suyo en el garaje.

Pablo, por supuesto, no espera a que su madre encuentre un sitio libre.

Lo suyo es visto y no visto, porque sus amigos estaban al acecho y llegan corriendo casi al mismo tiempo que él, Felipe con un balón de baloncesto, Alba con los brazos abiertos. Los tres se abrazan en el recibidor como si hubieran pasado varios años, y no veintidós días, desde que se vieron por última vez. Luego Pablo va a su cuarto, abre la puerta, tira su bolsa en el suelo, la empuja hacia dentro con una patada, vuelve a cerrar y se larga a la calle sin más preámbulo que el habitual.

– ¡Papááá, que me voy!

Él es el único miembro de la familia Martínez Salgado que no dice esta tarde ¡qué gusto, Dios mío!, pero en el descansillo lo reemplaza con una expresión equivalente.

– ¡Menos mal que ya estoy aquí! Tenía unas ganas de volver … Ya no podía más con la peña, os lo juro.

La peña era su abuela Aurora cogiéndole de la barbilla, ¡ay, qué guapo es mi nieto!, y su abuela Adela revolviéndole

8 **visto y no visto:** verschwinden, ehe man sichs versieht. | 8 f. **estar al achecho** (m.): auf der Lauer liegen. | 14 **la patada:** Fußtritt. | 15 **largarse:** abhauen, verschwinden. | 15 **sin preámbulo(s)** (fig.): ohne Umschweife (*el preámbulo:* Einleitung, Präambel). | 19 f. **el descansillo:** Treppenabsatz. | 20 **reemplazar:** ersetzen. | 22 **la peña:** Truppe, Clique. | 23 **la barbilla:** Kinn. | 24 f. **revolver el pelo a alg.:** jdm. durch die Haare fahren.

el pelo y diciéndole a la otra, ¿has visto, Aurora, qué nieto tan guapo tenemos?, y su abuelo Pepe empeñándose en que le enseñara a montar un cubo de Rubik, y su padre diciéndole, Pablo, juega con el abuelo, y su madre diciéndole, pero, Pablo, ¿qué trabajo te cuesta jugar con el abuelo?, y su hermana diciéndole, enséñale, Pablo, pobrecito, y su hermano diciéndole, mira que eres borde, Pablo, ¡móntale ahora mismo el cubo al abuelo!

Diana es la última porque le toca abrir las maletas, aunque no las deshace del todo, porque como mañana vuelvo a tener asistenta, recuerda con una sonrisa.

Luego llena el cubo de la ropa sucia pero no pone la lavadora, porque como mañana vuelvo a tener asistenta, y su sonrisa crece un poco más.

Después estudia la nevera y hace una lista de la compra, pero no baja al súper, porque como mañana vuelvo a tener asistenta y me queda una semana de vacaciones, y la sonrisa ya no le cabe en la boca.

– ¿A alguien le importa que pidamos pizzas para cenar? – grita al aire del pasillo.

Nadie contesta, ni le recuerda por tanto que es endocrinóloga, así que se encierra en su dormitorio, enciende el ventilador del techo, se quita la ropa, se tumba en la cama, abre los brazos, las piernas, y vuelve a sonreír.

– ¡Qué gusto, Dios mío!

3 **el cubo de Rubik:** Zauberwürfel (Drehpuzzle, 1974 von Ernő Rubik erfunden). | 7 **borde:** gemein. | 10 **deshacer la maleta:** auspacken. | 11 **la asistenta:** Haushaltshilfe. | 12 **el cubo de la ropa:** Wäschekorb. | 21 f. **el endocrinólogo / la endocrinóloga:** Endokrinologe/-in (Spezialist[in] für Hormone und Drüsen). | 23 **tumbarse:** sich hinlegen.

La primera vez que lo escucha, Sofía Salgado no reconoce el eco del llanto.

El apartamento es feo, pequeño y sofocante. Con vistas a un mar tan lejano que ni siquiera parece azul, ningún entendimiento madrileño lograría concebir cómo es posible que todo en él, paredes, cristales, sábanas y los correspondientes muebles provenzales de oferta – *¡amueble su piso entero por 500 euros!* –, pueda rezumar tanta humedad, con el sol de justicia que las ha achicharrado en los doscientos metros escasos que han tardado en llegar desde el aparcamiento. Lo primero que ve Sofía al entrar es un espantoso payaso triste de cristal de colores sobre una repisa y un triángulo de agujeros de cigarrillo estampando un ominoso tejido de color teja, pero no dice nada. Su amiga Marita, tan decidida y eficiente como de costumbre, abre las cortinas de par en par, mete el payaso en un cajón, se acerca a ella, le pasa un brazo por los hombros y los sacude con energía.

–¿Mejor?

Sofía asiente con la cabeza, intenta sonreír, le sale regular

2 **el llanto:** Weinen. | 3 **sofocante:** stickig (*sofocar:* ersticken). | 5 **el entendimiento:** Verstandeskraft, Begriffsvermögen. | **concebir:** begreifen, fassen. | 6 **la sábana:** Bettlaken. | 7 **provenzal:** aus der Provence. | 8 **rezumar:** (aus)schwitzen. | 9 **el sol de justicia** (f.): glühende/pralle Sonne. | **achicharrar:** verbrennen. | 10 **escaso/a:** knapp, kaum. | 11 f. **espantoso/a:** entsetzlich. | 12 **el payaso:** Clown. | **la repisa:** Konsole. | 13 **el agujero:** Loch. | **estampar:** drucken, aufdrucken. | 13 f. **ominoso/a:** ominös, zweifelhaft. | 14 **el tejido:** Gewebe, Stoff. | **color teja:** ziegelrot. | 15 f. **abrir de par en par:** weit aufmachen, aufreißen. | 17 **sacudir:** schütteln; erschüttern.

e insiste hasta que lo consigue. Porque Marita, su mejor amiga desde el colegio, no tiene la culpa de que su vida sea un desastre.

Ella también se casó mal, también se separó después de muchos años de matrimonio, también tuvo un hijo que está pasando los últimos días de agosto con su padre, pero tiene más suerte que Sofía. A Marita dejó de gustarle su marido mucho antes de que él decidiera que le gustaba otra, pero además, sobre todo, fundamentalmente, nunca le pilló en su despacho con su entrenadora personal, los dos desnudos, haciendo ejercicio sobre la alfombra.

Eso fue lo que le pasó a Sofía, maestra de Educación Infantil, hace un par de meses, una mañana de primavera en la que salió de una reunión antes de lo que había calculado y no tuvo mejor idea que ir a buscar a Agustín para pedirle que la invitara a comer. Al recordarlo, siente el impulso de precipitarse sobre el cajón, sacar el payaso triste de cristal de colores y mirarlo fijamente hasta estallar en sollozos, igual que el día en que salió corriendo como una loca de aquel despacho para buscar refugio en casa de Marita.

– Y lo peor de todo es que tendrías que verla – aquella misma tarde se lo contó todo –, treinta años, un cuerpo acojonante, una melena rubia y ondulada, con mechas doradas,

4 **casarse mal:** unglücklich verheiratet sein. | 9 **fundamentalmente:** vor allem. | **pillar a alg.:** jdn. erwischen. | 10 **el entrenador / la entrenadora personal:** Fitnesstrainer(in). | 12 f. **el maestro / la maestra de Educación Infantil:** Erzieher(in). | 17 **precipitarse sobre algo:** sich auf etwas stürzen. | 18 f. **estallar en sollozos:** in Schluchzen ausbrechen. | 20 **el refugio:** Zuflucht, Schutz. | 23 f. **acojonante** (vulg.): geil, toll. | 24 **ondulado/a:** gewellt, in Wellen gelegt. | **la mecha:** Strähne.

cayéndole en cascada sobre las tetas ... La Venus de Botticelli, pero como si no se la arreglara, ¿sabes?, como si hubiera nacido con ese pelo, la muy puta ...

– ¿Y qué? – Marita la interrumpió antes de darle la oportunidad de añadir que, encima, aquellas tetas ni siquiera parecían operadas –. Tú tienes treinta y seis años, Sofía, y dos tallas de sujetador más que ella, seguro. ¿Y qué? Más caro le saldrá el mantenimiento a tu marido. Que se joda.

– Ya, es tan fácil decir eso ...

Y era verdad. Era tan fácil que Marita se calló y no volvió a sacar el tema. Se limitó a cuidarla, a hacerle compañía, a perder el tiempo a su lado hasta que pudo proponerle un plan mejor.

– Mira, he pensado que lo que vamos a hacer tú y yo es irnos juntas a la playa una semanita, ¿qué te parece? A no hacer nada, sólo comer, emborracharnos, ligar con hombres fascinantes ...

Así han venido a parar a este apartamento infernal que por la noche, cuando vuelven del pueblo, sin ningún hombre fascinante pero con varias copas de más, a Sofía ya no le parece tan mal. Y sin embargo, le cuesta dormir. No han pasado ni tres meses desde que su marido duerme con su entrenadora y meterse en la cama sola sigue siendo un suplicio para ella.

1 **en cascada:** wie ein Wasserfall, kaskadenförmig. | **la teta** (fam.): Brust, (vulg.) Titte. | 1 f. **la Venus de Botticelli:** das Bild »Die Geburt der Venus« des italienischen Malers Sandro Botticelli (1445–1510). | 3 **la muy puta** (vulg.): die elende Schlampe. | 8 f. **Que se joda** (vulg.): etwa: Er soll sich ins Knie ficken. | 22 **costar** (o>ue, + inf.) **a alg.:** jdm. schwerfallen, etwas zu tun. | 24 f. **el suplicio:** Qual, Martyrium.

Por eso, mientras intenta imponerse a la estrechez del colchón, a la humedad de las sábanas, lo escucha, un ruido sordo al principio, como un ronroneo grave y rítmico que asciende de pronto para hacerse casi estruendoso, más agudo, y caer de nuevo en una sofocada sordina. La primera noche no logra identificarlo, un perro, piensa, o un niño, pero no, porque ella conoce bien el llanto de los niños. Se queda dormida antes de resolver el enigma y en el desayuno le pregunta a Marita, pero ella ha dormido como un tronco, siempre me pasa cuando estoy al nivel del mar, confiesa, así que no he oído nada. Durante el día – playa, chiringuito, sardinas a la plancha, mojitos, y más playa, más chiringuito, más mojitos – Sofía olvida el misterio del apartamento de al lado, pero por la noche vuelve a escucharlo y comprende al fin lo que ocurre al otro lado de la pared.

Desde entonces dedica más atención a su vecino que a su propio programa de diversiones. Porque aquel llanto tenaz, desconsolado, proviene del cuerpo y el espíritu de un hombre solo, a medio camino entre los cuarenta y los cincuenta, cabeza afeitada para disimular la calvicie, barriga apenas prominente gracias a las largas carreras que, mañana y tar-

1 **imponerse a:** sich gewöhnen an, sich vertraut machen mit. | **la estrechez:** Enge. | 3 **sordo/a:** taub; hier: dumpf. | **el ronroneo:** Schnurren. | **grave:** tief (Ton). | 4 **ascender** (e>ie): ansteigen; hier: lauter werden. | **estruendoso/a:** dröhnend, geräuschvoll. | 4 f. **agudo/a:** hoch, spitz. | 5 **la sordina:** Schalldämpfer. | 8 **el enigma:** Rätsel. | 9 **dormir como un tronco** (loc.): wie ein Stein schlafen (*el tronco:* Baumstamm). | 11 **el chiringuito:** Strandbar. | 12 **el mojito:** kubanischer Cocktail aus Rum, Minze, Zitrone und Zuckerrohrzucker. | 17 **tenaz:** beharrlich. | 18 **desconsolado/a:** untröstlich (*el desconsuelo:* Trübsal, Trostlosigkeit). | 20 **disimular:** verstecken, verbergen. | **la calvicie:** Glatze. | **la barriga:** Bauch. | 21 **prominente:** hervortretend. | **la carrera:** hier: (Dauer-)Lauf.

de, le devuelven a su apartamento empapado en sudor, y piernas flacas. No es ni guapo ni feo pero resulta atractivo de esa manera instintiva, brusca, hasta asombrosa, de los machos rapados que al andar parecen derrochar testosterona, y sin embargo está triste. Es, sobre todo, un hombre triste.

Este ha pillado a su mujer con su entrenador personal, piensa Sofía, y día tras día acumula indicios que parecen darle la razón. Porque el apartamento de su vecino es de tres dormitorios, pero sólo uno tiene la ventana abierta.

– ¿Dónde están Javi y Elena? – un día se lo encuentra en el portal, hablando con unos niños –, ¿cuándo vienen?

– Pues … – él contesta mirando al suelo –, este año creo que ya no van a venir. Lo siento, ya les diré que habéis preguntado por ellos.

Otro día coinciden en el supermercado y Sofía le ve escoger una caja de seis cartones de leche entera. La pone en su carrito, la mira con extrañeza, la saca de allí, la devuelve a su lugar y coge un solo cartón de leche con Omega 3. Así que encima tienes el colesterol alto, piensa ella, pobrecito mío, mientras siente una misteriosa oleada de ternura sin nombre hacia el desconocido.

– No estarás pensando en liarte con él, ¿verdad? – le pre-

1 **empapado/a en sudor:** (völlig) verschwitzt. | 3 **instintivo/a:** instinktiv, gefühlsmäßig. | **brusco/a:** plötzlich, jäh. | **asombroso/a:** überraschend, erstaunlich. | 4 **rapado/a:** rasiert, kahlgeschoren. | 4 f. **derrochar testosterona** (f.): Testosteron ausschütten (*derrochar:* verschwenden; *derrochador/a:* verschwenderisch). | 8 **el indicio:** Indiz, Anzeichen. | 16 **coincidir con alg.:** jdm. zufällig begegnen. | 18 **el carrito:** Einkaufswagen. | 20 **el colesterol:** Cholesterin. | 21 **la oleada:** Welle, Wallung. | **la ternura:** Zärtlichkeit.

gunta Marita, forzando un gesto de escándalo casi teatral que se apresura a corregir sobre la marcha –. Aunque a lo mejor tampoco sería mala idea, fíjate lo que te digo …

– Que no – replica ella –, que no es eso.

No es eso, y sin embargo, el desconsuelo del hombre que duerme al otro lado de la pared le hace compañía incluso cuando deja de llorar y los sonidos de un insomnio más pacífico, el repiqueteo del interruptor, los quejidos del somier, los paseos entre la cama y el baño, la arrullan cada noche como una canción de cuna.

Nunca se ha atrevido a hablar con él, ni siquiera sabe cómo se llama. El primer día de septiembre, tan rotundamente veraniego y deslumbrante como sólo saben ser los últimos de vacaciones, los dos se cruzan por la escalera. Sofía baja con su maleta, su vecino sube con un cartel impreso en letras muy grandes, SE VENDE, sobre un número de teléfono de Madrid. La escalera es estrecha y no cabe tanto bulto. Él cede el paso con una sonrisa, ella se la devuelve y sigue su camino sin decir nada.

– Mira, Sofi … – Marita señala hacia el edificio con el de-

1 **forzar un gesto de escándalo** (m.): etwa: eine übertrieben entsetzte Geste aufsetzen. | 2 **apresurarse:** sich beeilen. | **sobre la marcha:** schnell, unmittelbar. | 4 **replicar:** erwidern. | 7 **el insomnio:** Schlaflosigkeit. | 7f. **pacífico/a:** ruhig, friedlich. | 8 **el repiqueteo:** Klicken. | **el interruptor:** Lichtschalter. | **el quejido:** Jammern; hier (fig.): Quietschen. | 8f. **el somier:** Lattenrost. | 9 **arullar:** in den Schlaf wiegen, einlullen. | 10 **la canción de cuna:** Wiegenlied, Schlaflied. | 12f. **rotundamente:** voll und ganz. | 13 **veraniego/a:** sommerlich. | **deslumbrante:** betörend, umwerfend. | 15 **el cartel:** Aushang, Anschlag | **imprimir:** drucken, ausdrucken. | 17 **el bulto:** Gepäckstück. | 18 **ceder el paso:** den Vortritt lassen, vorlassen.

do antes de encender el motor del coche –. Ya ha colgado el cartel. ¿Quieres que apunte el teléfono?

– No. Arranca de una vez y vámonos ya, no seas tonta.

En la escalera, Sofía Salgado ha tenido tiempo de sobra para leer con el rabillo del ojo el nombre de la inmobiliaria encargada de vender el apartamento.

No tiene la menor intención de llamar a Soluciones Inmobiliarias Prisma en lo que le queda de vida pero, aunque ni siquiera ella acierta a explicarse por qué, vuelve a Madrid de mucho mejor humor.

3 **de una vez:** endlich. | 5 **el rabillo del ojo:** Augenwinkel. | 9 **ni siquiera acierta a** (+ inf.): es gelingt ihr nicht einmal … (*acertar algo,* e > ie: etwas richtig machen.)

Carlos abre con su llave y enseguida se da cuenta de que pasa algo extraño.

–¿Abuela?

Desde que empezó la carrera, viene casi todos los días a comer a esta casa antigua, tranquila, un tercer piso de suelos de tarima brillante de puro encerada y muebles tan bien cuidados que no aparentan su edad. Del recibidor arranca un largo pasillo que, a un lado, conduce a la cocina y de frente desemboca en los balcones del salón, vestidos con unos visillos de encaje que transparentan una orgía de geranios de todos los colores. Su dueña está a punto de cumplir ochenta años, pero no sólo se vale por sí misma. Su nieto sabe mejor que nadie por cuántas mujeres vale, porque ninguna otra le mima tanto ni le cuida tan bien como ella.

–Abuela …

Al enfilar el pasillo, distingue al fondo un resplandor absurdo, intermitente y coloreado, cuyo origen no alcanza a explicarse. Al principio supone que habrán colocado un neón en la fachada de alguna tienda de la acera de enfrente, pero son las dos y media de la tarde de un día del otoño

6 **el suelo de tarima:** (alter) Holzboden. | **de puro encerada:** vor lauter Bohnern (*encerar:* bohnern, wachsen). | 7 **no aparentan su edad:** sie sehen jünger aus, als sie sind. | 8 **arrancar:** starten, anfangen, beginnen. | 9 **desembocar:** münden. | 10 **el visillo de encaje:** Spitzengardine. | **transparentar:** erkennen/durchscheinen lassen | 17 **al enfilar el pasillo:** als er sich in den Gang begibt (*enfilar hacia:* sich begeben nach). | **el resplandor:** Lichtschein, Schimmer. | 18 **intermitente** (adj.): blinkend. | 20 **la fachada:** Fassade.

recién estrenado, aún templado, luminoso, cálido incluso mientras luce el sol. Al precio que se ha puesto la luz, nadie derrocharía electricidad en un anuncio a estas horas, piensa Carlos, así que avanza con cautela, un paso, luego otro, descubre que el suelo del pasillo está sucio y empieza a asustarse de verdad. Definitivamente, allí pasa algo raro. La suciedad, en cualquiera de sus variantes, es por completo incompatible con la naturaleza de su abuela, y sin embargo, al agacharse encuentra un fragmento de algo blanco, un poco más allá otro, y otro más. Parecen migas de pan, pero al apretarlos con la uña se da cuenta de que son pedacitos de poliuretano expandido, ese material que se usa para proteger los objetos en sus embalajes. Esto ya le parece demasiado y por eso llama a su abuela a gritos, por tercera vez y por su propio nombre.

–¡Martina!

Sigue avanzando hasta que su nariz le obliga a detenerse. Su abuela está bastante sorda, pero continúa cocinando como los ángeles y en el recodo que lleva a la cocina huele a pisto. Y no a un pisto corriente, como el que hace su madre en ese robot sin el que no sabe vivir y del que sale un puré anaranjado, aturdido y confuso, donde es imposible distin-

1 **recién estrenado/a:** hier: der gerade erst begonnen hat (*estrenar algo:* etwas einweihen / zum ersten Mal gebrauchen). | 4 **avanzar:** weitergehen. | **con cautela** (f.): vorsichtig. | 9 **agacharse:** sich bücken. | 10 **la miga de pan** (m.): Brotkrümel. | 12 **el poliuretano expandido:** Dämmschaum; hier: Styropor (*el poliestireno:* Styropor). | 13 **el embalaje:** Verpackung. | 17 **detenerse** (e>ie): stehen bleiben, anhalten | 19 **el recodo:** Winkel, Biegung. | 20 **el pisto:** Gemüseeintopf. | 22 **anaranjado/a:** orangefarben. | **aturdido/a:** gedankenlos; hier: geschmacklos. | **confuso/a:** verwirrt; hier: vermanscht.

guir el pimiento del calabacín, sino al pisto de su abuela, tomates de verdad fritos por separado, y el pimiento, pimiento, la cebolla, cebolla, el calabacín, ya, no digamos … Un guiso prodigioso, donde lo que tiene que estar blando está blando, lo que tiene que estar duro está duro, y todo exquisito, eso detecta la nariz de Carlos, y el delicioso aroma le tranquiliza hasta que le da tiempo a pensar que Martina quizás se haya desmayado después de hacer el sofrito. Entonces corre a la cocina y la encuentra desierta.

– ¡Uy, hijo mío, qué susto me has dado! – tiene que volverse para encontrarla en la puerta, con una mano apoyada en el pecho –. Espera, que voy a enchufarme el aparato … – y sólo después de hurgarse un rato en el oído abre los brazos y va hacia él –. ¿Cómo estás, cariño? ¿Qué tal las clases?

Carlos la abraza y la besa muchas veces antes de confesarle que él sí que se ha asustado, y mucho, porque en aquella casa pasa algo raro.

– ¡Te has dado cuenta! – Martina sonríe como una niña gamberra –. ¡Qué listo eres, Carlitos! Ahora lo verás, pero tienes que cerrar los ojos, ¿eh?, porque es una sorpresa.

Él obedece de buena gana, paladeando aún la tranquilidad que ha sucedido al pánico, y tiende la mano hacia la anciana para que vuelva a guiarle como cuando era un niño.

1 **el calabacín:** Zucchini. | 4 **el guiso:** Gericht. | **prodigioso/a:** wunderbar, hervorragend. | 8 **desmayarse:** ohnmächtig werden. | **el sofrito:** Soße aus angebratenen Zwiebeln oder Tomaten als Grundlage für Eintöpfe und andere Speisen. | 9 **desierto/a:** (menschen)leer. | 12 **enchufar algo:** etwas einschalten. | 13 **hurgarse en algo:** in etwas herumstochern/fummeln. | 18 f. **la niña gamberra:** Mädchen mit Unfug im Sinn (*el gamberro:* Rowdy). | 21 **de buena gana:** gerne. | **paladear:** genießen, auskosten. | 22 **tender** (e>ie) **la mano hacia alg.:** jdm. die Hand reichen.

Ella tira de él por el pasillo, le anuncia los obstáculos, las curvas, y su nieto calcula sin dificultad que se dirigen hacia el salón, ese resplandor multicolor donde todo ha empezado.

– Ahora ya puedes mirar – también la obedece en eso –. *¡Tachán!*

El enorme árbol de Navidad que él mismo tendría que haber montado tres meses más tarde, está repleto de bolas, estrellas, angelitos, duendes, casitas y dos centenares de luces encendidas parpadeando sin descanso entre la purpurina y el cristal. Carlos lo mira un instante con la boca abierta, reconoce los adornos, la bola tornasolada que sus padres trajeron de la luna de miel, los angelitos de porcelana que su abuela ha ido comprando en la primera Navidad de cada uno de sus nietos, la estrella de cartulina que él mismo hizo un año en el colegio, los venerables adornos de vidrio de colores, alargados como llamas brillantes, puntiagudas, que Martina conserva desde su remota infancia ... Entonces lo entiende todo, el resplandor al fondo del pasillo, el suelo sucio, el silencio de su abuela, pero eso no le tranquiliza. Ella se da cuenta y vuelve a sonreír.

– No me he vuelto loca, ¿sabes? Sé de sobra que estamos en septiembre, tengo la cabeza perfectamente, no te asustes, pero ... Tú sales, ¿no?, y entras, andas por la calle, te di-

6 **¡Tachán!:** Ta-Ta! | 8 **repleto/a de:** voll mit, vollgestopft mit. | 9 **el duende:** Kobold. | **el centenar:** Hundert. | 10 **parpadear:** flimmern, flackern; auch: blinzeln. | 10 f. **la purpurina:** Lametta. | 12 **la bola tornasolada:** Glitzerkugel (*tornasolar:* schillern lassen). | 13 **la luna de miel** (f.): Hochzeitsreise. | 15 **la cartulina:** Fotokarton. | 17 **alargado/a:** langgezogen. | **puntiagudo/a:** spitz. | 18 **remoto/a:** weit entfernt. | 22 **saber de sobra:** genau wissen.

viertes, pero yo … Yo estoy todo el santo día aquí, oyendo la radio, la televisión, y que no hay futuro, que no hay trabajo, que privatizan los hospitales, que quieren cerrarnos el Centro de Salud, que me van a rebajar la pensión … Sólo salgo para ir a la peluquería, y allí, no veas, todo el día hablando de lo mismo. Que si ponte mechas, mujer, que no, que no tengo dinero, y tu hermana, ¿ya no viene?, es que como han echado a su marido, pues al mío se le acaba el contrato el mes que viene, pues mi hijo no ha encontrado nada todavía, así una, y otra, y otra, todo el tiempo igual, tristezas y más tristezas …

Martina hace una pausa para apoyarse en el brazo de un butacón. Saca un pañuelo del bolsillo del delantal, se seca unos ojos que aún estaban secos, y vuelve a mirar a Carlos.

– Hasta que tu madre perdió el trabajo, lo llevaba bien. ¡Pobre Marisa, tan lista, tan estudiosa, con lo bien que lo hace todo! No hay derecho, ¿verdad? Tantos años en la misma empresa y de repente, de un día para otro … Pero si era funcionaria, ¿o no? ¿Cómo se puede consentir que echen a la gente de una televisión pública?

– Haciendo leyes para que eso sea legal, abuela – Carlos se acerca a Martina, se sienta a su lado, la abraza –. Pero mamá encontrará trabajo antes o después, no te preocupes.

– No sé yo, a su edad … – el nieto se da cuenta de que su

1 **todo el santo día:** den lieben langen Tag. | 4 **rebajar:** kürzen. | 5 **¡No veas!:** Du glaubst es nicht!, Stell dir vor! | 6 **ponerse mechas** (f.): sich Strähnchen machen. | 12 **apoyarse en:** sich aufstützen auf. | 13 **el butacón:** Armsessel. | **el delantal:** Schürze. | 18 **¡No hay derecho!** (fam.): Das ist nicht fair!, Das gibt es nicht! | 20 **consentir** (e>ie): zulassen, genehmigen.

abuela se ha aficionado de verdad a los informativos –. Y además es tan feo lo que pasa, somos todos tan egoístas que vamos viendo caer a los demás, uno detrás de otro, y pensamos, bueno, mientras a mí no me toque ... Y nos ha tocado, claro, nos tenía que tocar, ¿por qué íbamos a librarnos nosotros si todos los demás están cayendo como moscas? Y si fuera más joven no estaría tan preocupada, porque para crisis, las que he tenido que chuparme yo, hijo mío. Pero nosotros podíamos, nosotros éramos fuertes, estábamos acostumbrados a sufrir, a emigrar, a pelear, y sin embargo, ahora ... No te ofendas, pero ahora sois de una pasta más blanda. Os ahogáis en un vaso de agua, así que me puse a pensar ... ¿Qué podría hacer yo para animarme, para animarles a ellos? ¿Qué podría hacer para que entiendan que no hay que resignarse a lo que venga, sino imponerse a las cosas, enderezarlas, negarse a aceptar toda esta ruina? Y ya sé que parece una tontería, pero estoy harta de ver gente triste y no deben quedarme muchos años de vida, así que ...

– No digas eso, abuela.

– ¿Ah, no? ¿Y qué quieres que diga? Voy a cumplir ochenta. ¿Cuántos me quedarán, cinco, diez?

– O veinte – aventura Carlos sin mirarla a los ojos.

1 **aficionarse a algo:** sich etwas angewöhnen, Gefallen an etwas finden. | **el informativo:** Nachrichtensendung. | 6 **caer como moscas** (f. pl., fam.): wie die Fliegen sterben. | 8 **chuparse algo** (fam.): etwas schlucken/hinnehmen. | 11 **no te ofendas:** sei nicht beleidigt. | 11 f. **ser de una pasta más blanda** (fam.): etwa: zarter besaitet sein. | 12 **ahogarse en un vaso de agua** (f.; fig.): wegen jeder Kleinigkeit den Mut verlieren, nicht belastbar sein. | 15 **imponerse a algo:** sich gegen etwas durchsetzen, dagegenhalten. | 16 **enderezar algo:** etwas aufrichten, gerade biegen, berichtigen. | **la ruina:** hier: Zusammenbruch. | 22 **aventurar:** wagen, versuchen.

– Bueno, pues veinte – Martina sonríe al optimismo de su nieto –. Esos son los que tienes tú, y no has vivido nada todavía. El caso es que no quiero pasar el tiempo que me queda viendo cómo se amontona la tristeza a mi alrededor. No me da la gana, así que me dije, pues mira, de momento, vamos a empezar por llevarle la contraria al calendario. Y ya sabes cómo me gusta a mí poner el árbol, y encender velas, y todas esas cosas navideñas.

Su nieto la mira, mira al árbol, vuelve a mirarla.

– Feliz Navidad en septiembre, abuela.

Ella se echa a reír y le abraza.

– Feliz Navidad, cariño. Feliz Navidad …

4 **amontonarse:** sich anhäufen, immer mehr werden. | 6 **llevar la contraria a alg.:** jdm. widersprechen.

Las chinas llegan de repente, sin hacer ruido.

– Amalia, se me va a pasar el tinte.

– Que no, mujer, que te quedan diez minutos …

Un buen día, al abrir la peluquería, Amalia ve barullo en el local de enfrente, la puerta abierta, una furgoneta aparcada en doble fila, ocho chicas monísimas, pequeñas y esbeltas, con el mismo pelo negro, liso, cortado a la altura de la nuca, descargando latas de pintura. Las ocho van vestidas igual, camiseta blanca, pantalones blancos. Las ocho calzan idénticas, inmaculadas zapatillas de lona, también blancas, y se cubren la boca con una mascarilla. Las ocho se mueven con la gracia de las hadas de los cuentos infantiles. Mira qué bien, piensa la peluquera entonces, qué rápido han alquilado el local de los pollos asados, qué suerte han tenido.

– ¿Pero qué haces ahí mirándolas, todo el santo día?

– ¿Y a ti qué te importa lo que hago o lo que dejo de hacer? Te quedan … – consulta el reloj – ocho minutos. Mira la revista y déjame tranquila.

Aquel mismo día empiezan a pintar. Serias, disciplinadas, tenaces como hormiguitas, forman cuatro parejas, una por pared, y empiezan a trabajar enseguida, una pintando

2 **Se me va a pasar el tinte:** etwa: Muss die Farbe nicht langsam raus? (*el tinte:* Färben, Färbung). | 4 **el barullo:** Lärm, Durcheinander. | 5 **la furgoneta:** Lieferwagen. | 6 **mono/a:** hübsch, reizend. | **esbelto/a:** schlank. | 7 **liso/a:** glatt. | **la nuca:** Nacken. | 8 **descargar:** ausladen, abladen. | 9 **calzar:** (Schuhe) tragen, anziehen. | 10 **inmaculado/a:** makellos, tadellos. | 11 **la mascarilla:** Mundschutz. | 12 **el hada** (f.): Fee. | 20 **la hormiguita** (dim.): *la hormiga:* Ameise.

la zona superior de cada muro con una brocha fija en una vara larga, la otra pasando el rodillo. Desde el escaparate de su peluquería, Amalia las mira con la boca abierta de admiración. No tenía ni idea de que los chinos, mucho menos las chinas, se dedicaran también a pintar locales, pero se le ocurre que podría contratarlas para que le den un repaso al suyo este verano, porque nunca ha visto a nadie pintar tan bien y tan deprisa al mismo tiempo. La verdad es que da gusto verlas trabajar, llega a comentar en voz alta ante las empleadas, las clientas a las que invita a disfrutar del espectáculo. No puede imaginar cuántas veces deseará después haberse tragado la lengua al recordar ese comentario.

– Hala, siéntate en el lavabo, que te van a lavar.

– ¿Pero han pasado ya ocho minutos? ¿Estás segura? A ver si no va a cubrirme bien las raíces …

Cuarenta y ocho horas más tarde, la cosa empieza a torcerse. Porque las mismas chicas, con las mismas ropas blancas, las mismas inmaculadas zapatillas, vuelven a descargar la furgoneta pero ya no bajan latas de pintura, sino tablones de madera lacada en blanco. O sea, que no son pintoras, concluye la peluquera, pero entonces … ¿qué son? Carpinteras, aprende enseguida, es decir, carpinteras además de

1 **la brocha:** Malerpinsel. | 2 **la vara:** Stange. | **el rodillo:** Rolle. | 6 f. **el repaso:** Überholung, Nachbearbeitung. | 12 **tragarse la lengua:** den Mund halten (*tragar:* schlucken). | 14 **¡Hala!:** Na dann; Auf geht's. | 16 **la raíz:** hier: Haarwurzel, Haaransatz. | 17 f. **torcerse:** sich verdrehen/verrenken; hier: sich wenden, | 20 f. **el tablón de madera:** Holzbrett. | 21 **lacado/a:** lackiert. | 22 **concluir:** schließen. | 22 f. **el carpintero / la carpintera:** Schreiner(in).

pintoras, porque con la misma admirable y serena eficiencia que derrocharon dos días antes, trabajando siempre por parejas, están montando unos muebles pequeños, a medio camino entre una mesa y un mostrador, que a Amalia, de pronto, le dan mala espina.

– Lo que quiere es ver si son las de siempre o si van cambiando … – susurra Lorena en el oído de la señora preguntona mientras le lava la cabeza.

– ¿Y por qué?

Hasta que se enfrenta con el aspecto de las mesas, de las sillas que las chinas montan a continuación, Amalia cree que el antiguo asador de pollos va a convertirse en lo que se dice un chino, una tienda de alimentación con chucherías, o una tienda de chucherías con algunas latas de conservas y un par de neveras con bebidas. Al comprobar que no es así, se siente menos perpleja que decepcionada, como si esas chicas a las que ha prestado tanta atención no tuvieran derecho a sorprenderla con una tienda distinta de la que ella había previsto. Porque si lo que tiene delante no es un chino, no se le ocurre qué puede ser, qué clase de negocio puede requerir dos hileras de cuatro mesas, cada una con dos puestos de trabajo alternos y otras tantas sillas vacías frente a ellos.

1 **sereno/a:** ruhig, gelassen. | **la eficiencia:** Tatkraft, Effizienz. | 4 **el mostrador:** Theke. | 5 **dar mala espina** (fam.): Argwohn hervorrufen. | 7 **susurrar:** flüstern. | 7 f. **preguntón/-ona:** neugierig. | 13 **las chucherías** (pl.): Süßigkeiten. | 16 **perplejo/a:** perplex, verwirrt. | **decepcionado/a:** enttäuscht. | 19 **prever:** vorhersehen. | 20 f. **requerir** (e>ie): erfordern. | 21 **la hilera:** Reihe, Zeile. | 22 **alterno/a:** abwechselnd; hier: verschieden.

– ¡Anda! Pues para denunciarlas, o sea, a ellas no, a sus jefes o al encargado, yo qué sé – pero como parecen todas iguales, por mucho que las mira, no adelanta nada.

– Pues anda que … Ni que fuera un puticlub.

Habría sido mejor un puticlub.

Un puticlub, una discoteca de pistoleros, hasta un supermercado de la droga habría sido mejor, piensa Amalia mientras sigue mirando hacia delante, haciendo como que no se entera de los murmullos del lavabo. Porque lo que hacen las chinas de enfrente es puro terrorismo, manicura permanente a ocho euros, eso es lo que hacen, robar, estafar, competir deslealmente con ella y con todas las demás peluquerías del barrio. El día que un letrero luminoso, MANICURA SHANGHAI, disipó todas sus dudas, Amalia volvió a la infancia. Pasó horas enteras gritando, llorando y pataleando entre taza y taza de tila. Al día siguiente no fue a trabajar. A las ocho de la mañana se presentó en el Ayuntamiento, intentó denunciar, no la dejaron, le informaron de que los chinos tienen todos los papeles en regla, y desde entonces vive pegada al escaparate de la peluquería y se atiza dos cápsulas de valeriana cada noche para poder dormir.

2 **el encargado / la encargada:** Geschäftsführer(in). | 4 **Ni que fuera un puticlub:** Wenn's (denn) nur ein Bumslokal wäre. | 6 **la discoteca de pistoleros** (m. pl): Westerndisco. | 9 **el murmullo:** Gemurmel. | 10 f. **la manicura permanente:** Permanent-Maniküre. | 11 f. **estafar:** betrügen. | 12 **deslealmente:** unfair. | 14 **disipar dudas** (pl.): Zweifel beseitigen. | 15 f. **patalear:** um sich treten. | 16 **la tila:** Lindenblütentee. | 19 **tienen los papeles en regla:** ihre Papiere sind in Ordnung. | 20 f. **atizarse:** sich verpassen. | 21 **la valeriana:** Baldrian.

– Si es que no puede ser …

Amalia se aparta del cristal, se gira hacia el interior de su peluquería y se explica por fin con sus clientas, que hoy sólo son tres y las tres para teñir, porque a peinarse ya no viene nadie.

– Es que es imposible, no lo entiendo. A ver, yo pago todos mis impuestos, el IBI, la Seguridad Social de las chicas, la luz, el agua … Y tuve que despedir a la pobre Mercedes porque, con bono-descuento y todo, teníamos que cobrar el esmalte permanente a dieciocho euros, de ahí no podíamos bajar, y eso que no os apliqué la última subida del IVA, que esa me la como yo, ya lo sabéis. ¿Y estas? ¿Cómo pueden cobrar ocho euros, estas, pagando los mismos impuestos que yo? Es que no lo entiendo, de verdad que no lo entiendo … ¿Qué está pasando aquí?

Nadie responde. Lorena, que ha entrado antes del verano como aprendiza, se concentra en la cabeza que está lavando porque gana muy poco y no quiere darle ideas a su jefa. Marisol, la oficiala de más antigüedad, se acuerda de la pobre Mercedes mientras llena de rulos la cabeza de la señora de Domínguez. Sandra, la más joven, más nerviosa porque su despido cuesta menos que el de su compañera, maneja el cepillo y el secador de mano con una intensidad casi dolorosa. No sólo para ella.

2 **apartarse de algo:** sich von etwas trennen/lösen. | 4 **teñir:** färben. | 7 **el IBI:** *Impuesto de* ***B****ienes* ***I****nmuebles*: Grundsteuer. | 9 **el bono-descuento:** Rabattgutschein. | 10 **el esmalte:** Lack. | 11 **aplicar algo a alg.:** jdm. etwas berechnen. | **el IVA:** *Impuesto sobre el* ***V****alor* ***A****ñadido*: Mehrwertsteuer. | 12 **esa me la como yo** (fam.): hier: die übernehme ich. | 19 **el oficial / la oficiala:** Geselle/-in. | **de más antigüedad:** dienstälteste(r). | 20 **el rulo:** Locke; hier: Lockenwickler. | 22 **manejar:** handhaben.

– ¡Ay! Ya me has quemado otra vez …

Ha debido de quemarla de verdad, porque María Gracia no se queja nunca. Tampoco viene demasiado por aquí. Ella, que es española aunque emigró con sus padres de niña a Venezuela, de donde trajo acento caribeño y nombre compuesto, no cobra mucho más que las manicuras chinas por cada hora de trabajo, aunque está segura de que trabaja más. María Gracia limpia casas por horas y trabaja como una burra, pero apenas puede permitirse a sí misma dos lujos baratos, desayunar por las mañanas en un bar del metro y venir de vez en cuando a la peluquería, sólo a teñirse, por supuesto.

– Lo siento, perdóname – Sandra la mira, sonríe a través del espejo –. Es por acabar antes, como siempre vas con prisas …

Amalia se vuelve de pronto a mirarla. Si fuera uno de esos dibujos animados en los que las chinas de enfrente resultarían ser hadas, en este instante acabaría de encenderse una bombilla dentro de su cabeza.

– Y por cierto, María Gracia, cuando veas a doña Martina dile que nos haga una visita de vez en cuando – porque lleva la cuenta de todas las clientas que han desertado, de las que se han ido a una peluquería más barata, de las que remolonean más de la cuenta –, que debe de tener las canas amarillas ya desde la última vez.

5 f. **el nombre compuesto:** hier: doppelter Vorname. | 8 **trabajar como un burro / una burra** (fam.): hart arbeiten, wie ein Pferd schuften. | 13 f. **ir con prisa(s):** es eilig haben (*la prisa:* Eile). | 15 **de pronto:** plötzlich. | 16 **los dibujos animados** (pl.): Zeichentrickfilm. | 20 f. **llevar la cuenta de algo:** Buch/Liste über etwas führen. | 21 **desertar:** abtrünnig werden. | 22 f. **remolonear más de la cuenta:** sich zu lange vor etwas drücken. | 23 **la cana:** graues/weißes Haar.

– Vale – María Gracia se para a pensar, piensa, decide que no hay nada malo en contar la verdad, nada deshonroso en perder un empleo –. Se lo diré, aunque me parece que está ahorrando. Como han despedido a Marisa …

– ¿Han despedido a Marisa? – las cuatro peluqueras lo preguntan a la vez, pero Amalia responde por todas –. Claro, por eso no viene ella tampoco.

– Sí, es muy triste. Doña Martina ha puesto ya el árbol de Navidad. Dice que es para animarse, pero lo está pasando fatal, la pobre.

¡Qué horror!, piensa Amalia para sí misma, ¡qué horror!, y mira sin querer hacia el lavabo, porque si siguen así las cosas, a Lorena, la aprendiza que esquiva su mirada y no será capaz de sostenerla como mínimo hasta la hora de comer, le tocará seguir el camino de Mercedes.

Malditas chinas, se dice. Malditas chinas, repite. Malditas chinas, insiste una vez más, como si esa maldición fuera una jaculatoria, una oración íntima, un sortilegio eficaz contra un destino implacable. Como no es así, busca otro camino.

– Voy al baño un momento – anuncia donde debería haber proclamado *necesito fumarme un pitillo*, pero no llega a moverse porque escucha a tiempo la campanita de la puerta y una voz conocida.

– Hola, no tenemos cita, pero si no estáis muy liadas …

2 **deshonroso/a:** unehrenhaft. | 9 **animarse:** sich Mut machen. | 13 **esquivar:** ausweichen, vermeiden. | 14 **sostener** (e>ie): ertragen, aushalten. | 18 **la jaculatoria:** Stoßgebet. | **el sortilegio:** Zauberspruch. | 19 **implacable:** unerbittlich, erbarmungslos. | 25 **estar liado/a:** sehr beschäftigt sein.

– Muy ¿qué? – pregunta Amalia –. Ese verbo ya no lo usamos mucho por aquí, ¿sabes?

– ¡Qué bien! – Diana Salgado entra sola, aunque sigue hablando en plural –. Entonces nos quedamos.

– ¿Quiénes?

– Pues ... – la recién llegada mira hacia delante, descubre en el espejo que nadie la acompaña, y vuelve la cabeza hacia la calle –. ¿Y mi hermana? – entonces desanda el camino, sale del local, y empuñando el picaporte todavía, la llama a gritos –. ¡Sofi! ¿Pero qué haces ahí?

La más pequeña de las Salgado entra enseguida y misteriosamente sofocada, porque el violento color de sus mejillas ofrece un contrapunto inexplicable a un gesto congelado por el asombro.

– Lo siento, es que estaba mirando ... Ahí enfrente ...

– A las chinas, ¿a que sí? – Amalia se da la razón con la cabeza –. Yo las miro todo el rato. Lo que pasa ahí es rarísimo, no me digas que no, yo creo que las cambian todas las semanas, porque nadie puede aguantar ese ritmo de trabajo, desde las nueve de la mañana hasta las once de la noche, eso no puede ser legal, no puede ...

– ¿Qué chinas? – Sofía Salgado la mira como si no existieran en el mundo otras que las piedrecitas que ruedan por la calle –. No, lo que estaba mirando es ese edificio nuevo de la esquina, ¿lo habéis visto?

8 **desandar el camino:** denselben Weg wieder zurückgehen. | 9 **empuñar:** festhalten. | **el picaporte:** Türklinke. | 12 **el violento color de sus mejillas:** ihre erröteten Wangen. | 13 **el contrapunto:** Kontrast. | 13 f. **congelado/a:** erstarrt (*congelar:* gefrieren). | 14 **el asombro:** Staunen. | 16 **¿A qué sí?:** Wetten?; Habe ich Recht? | 22 **la china:** hier: Steinchen, Kieselstein. | 23 **la piedrecita** (dim.): Steinchen. | **rodar** (o > ue): rollen.

– No – responde Amalia –. O sea, sí lo he visto, pero no me he fijado. ¿Por qué, le pasa algo?

– Soluciones Inmobiliarias Prisma – pronuncia Sofía en voz alta –. ¿No os parece …? – entonces se da cuenta de que la que acaba de hablar en chino es ella –. Nada, nada, que quiero cortarme y ponerme un vegetal. Puedo, ¿no?

2 **fijarse:** beachten, auffallen. | 5 **hablar en chino** (loc.): Kauderwelsch reden. | 6 **el (color) vegetal:** Pflanzenhaarfarbe.

Marisa recuerda aquel cansancio.

Entraba a trabajar a las nueve, pero el despertador sonaba a las seis y media. Diez minutos para espabilarse, cinco en el baño y estallaba la guerra.

En media hora preparaba el desayuno, levantaba a Roberto, desayunaba a toda prisa y empezaba con la comida. Él se tomaba un café antes de emprender su parte de la ofensiva, despertar a los niños, vestirlos y llevarlos a la cocina. El segundo *round*, leche caliente, cacao soluble, tostadas para uno, cereales para el otro, solía pillarla con la comida enjaretada. Mientras preparaba los bocadillos para el recreo, la olla rápida ya había empezado a pitar.

– ¿Otra vez lentejas? – preguntaba alguno, pero ella contraatacaba implacablemente.

– ¿Llevas todos los cuadernos? – o ...

– ¿Hoy te toca gimnasia? – o ...

– ¿Has cogido el dinero para la excursión?

Luego los abrigaba bien, les daba muchos besos y gritaba las últimas instrucciones.

– Acordaos de que hoy va la abuela a buscaros, no salgáis tarde y haced los deberes, que si no, me enfado ...

Cuando bajaban las escaleras trotando en pos de su pa-

3 **espabilarse:** (ganz) wach werden. | 4 **estalla la guerra:** der Krieg/Kampf geht los (*estallar:* ausbrechen). | 7 **emprender:** aufnehmen, angehen. | 8 **la ofensiva:** Offensive. | 9 **soluble:** löslich (*insoluble:* unlöslich). | 11 **enjaretar algo:** etwas hastig fertig machen. | 12 **la olla rápida:** Schnellkochtopf. | **pitar:** pfeifen. | 13 f. **contraatacar:** dagegenhalten, kontern. | 18 **abrigar a alg.:** jdn. warm anziehen. | 22 **trotar en pos de alg.:** jdm. hinterhertraben.

dre, que los dejaba en el cole o en el instituto antes de ir al trabajo, Marisa volvía a su dormitorio, se ponía la ropa que había dejado preparada la tarde anterior, cogía el bolso y salía pitando. Esa operación, que tenía perfectamente cronometrada, rara vez le llevaba más de cinco minutos. Después se pintaba en la parada del autobús, en el autobús o en el baño de la primera planta. Y a las nueve en punto de la mañana entraba en su despacho como una campeona.

Cuando empezaba a trabajar, ya estaba cansada, pero eso era una ventaja y no un inconveniente. La rutina de la casa, los niños, las reuniones de padres de alumnos, los disfraces de Navidad, de carnaval, de fin de curso, las citas con los tutores, el calendario de vacunaciones y todo lo demás, la agotaba de tal manera que los días laborables no se lo parecían tanto. Ella era una periodista talentosa, una trabajadora capaz, concienzuda, y cuando su programa, Madrid Directo, salía bien, que era casi siempre, su trabajo representaba un oasis de paz en medio de la vorágine. Pero no se consideraba una persona desgraciada. Se sentía, al contrario, una mujer con suerte, con una vida plena, llena de cosas, demasiado llena, eso sí.

Ese era su problema, porque le gustaba su trabajo, le gustaba su marido, le gustaban sus hijos, no los cambiaría por ninguna otra opción de sus respectivas categorías, pero necesitaba que los días fueran un poco más largos, disponer

4 **salir pitando** (fam.): losrasen. | 5 **cronometrar:** timen, mit der Stoppuhr stoppen. | 8 **el campeón / la campeona:** Sieger(in). | 10 **el inconveniente:** Hindernis, Schwierigkeit. | 11 **el disfraz:** Verkleidung, Kostüm. | 12 f. **el tutor / la tutora:** Klassenlehrer(in). | 13 **la vacunación:** Impfung. | 16 **concienzudo/a:** gewissenhaft. | 18 **la vorágine:** Trubel, Wirbel. | 24 **respectivo/a:** jeweilig.

de dos o tres horas de más para sentir que tenía tiempo, para perderlo, para tirarse un rato en un sofá a no hacer nada. Eso era lo único que echaba de menos. De vez en cuando, alguna amiga le contaba que había descubierto las sales del Mar Muerto, los aceites esenciales, las velas relajantes.

– Tú llenas la bañera hasta arriba … – le decían, y en ese punto Marisa detenía su relato con una carcajada y un aspaviento.

– Déjalo, anda. ¿Tú sabes la cantidad de tiempo que hace que no me meto en una bañera? – porque la ducha también la tenía cronometrada –. Tardo entre dos y tres minutos en ducharme, ni uno más. Y en verano, me da tiempo a depilarme y todo.

Ahora, su propia vida le parece mentira. La recuerda vagamente, como si la hubiera visto en una película, una comedia amable y femenina con un final tan feliz como el que ella ya no espera. Y la memoria de aquel cansancio fecundo, que nacía de una actividad incesante para producir cosas buenas, útiles, le duele como un remordimiento, la cicatriz de una culpa inexistente. Porque ahora que se acuesta sin poner el despertador para levantarse, y se levanta cuando se cansa de estar acostada, nada le resulta tan duro, tan amargo como la tentación de sentirse culpable por lo que le ha pasa-

5 **el Mar Muerto:** Totes Meer. | **escencial:** hier: ätherisch. | 8 **la carcajada:** (lautes) Gelächter. | 8 f. **el aspaviento:** übertriebene Gefühlsäußerung, Wirbel; (fam.) Bohei. | 13 f. **depilarse:** sich rasieren/enthaaren. | 18 **fecundo/a:** produktiv, fruchtbar. | 19 **incesante:** unaufhörlich, unablässig. | 20 **el remodimiento:** Gewissensbisse. | **la cicatriz:** Narbe. | 24 **la tentación:** Versuchung.

do. ¿Quién me mandaría a mí quejarme tanto?, se pregunta, y ni siquiera se acuerda de que nunca llegó a quejarse en voz alta.

Los días de Marisa siguen teniendo veinticuatro horas, pero le sobran más de las que le faltaban cuando iba todas las mañanas a trabajar. Y le bastaría con abrir los grifos de la bañera para sumergirse en el agua caliente hasta que se enfriara, pero no lo hará en todos los días de su vida, porque eso sería como dar su brazo a torcer, ahora que ha pasado todo eso que nunca jamás iba a pasar.

Marisa, redactora de plantilla en el área de programas informativos de Telemadrid durante casi treinta años, tenía un contrato indefinido en una empresa pública, uno de esos empleos que parecían eternos por siempre jamás. Hasta que cambiaron las reglas del juego. Hasta que el Gobierno de España se propuso convencer a los ciudadanos de que los funcionarios son unos vagos que se pasan la vida tomando café. Hasta que el gobierno autonómico empezó a alegar que la cadena era deficitaria, como si una televisión pública tuviera que dar beneficios. Hasta que un ERE le pasó por encima como las orugas de un carro blindado, y le tocó una

1 **¿Quién me mandaría a mí quejarme tanto?:** etwa: Warum habe ich mich bloß so viel beschwert? | 7 **sumergirse:** eintauchen, versinken. | 9 **dar el brazo a torcer** (o>ue, fig.): klein beigeben, nachgeben. | 12 **Telemadrid:** erste öffentliche Fernsehstation der autonomen Region Madrid, 1989 gegründet. | 13 **el contrato indefinido:** Festanstellung, unbefristeter Vertrag. | 14 **por siempre jamás:** für immer und ewig. | 17 **el vago / la vaga:** Faulpelz. | 18 **el gobierno autonómico:** Regionalregierung. | **alegar:** behaupten. | 19 **ser deficitario/a:** Verluste einfahren, rote Zahlen schreiben. | 20 **dar beneficios:** Profite abwerfen. | **el ERE:** *Expediente de Regulación de Empleo:* Gesetz zur Regelung von Massenentlassungen. | 21 **la oruga:** Raupe; hier: Raupenkette. | **el carro blindado:** Panzer.

indemnización de veinte días por año trabajado, y como a Roberto le han recortado el sueldo aunque siga siendo el jefe de Internacional de su diario, la guardó para poder pagar el máster de su hija mayor, la carrera de su hijo pequeño.

Hoy, en la cola del INEM, Marisa recuerda su cansancio como la época dorada de su vida, y la rabia le pesa más que la tristeza.

1 **la indemnización:** Abfindung. | 4 **el máster:** Master, akademischer Titel. | 5 **el INEM:** *Instituto **N**acional de **E**mpleo.* Staatliches Institut für Arbeitsvermittlung. | 6 **pesar a alg.:** jdn. belasten.

Desde hace casi un año se encuentran todos los días, a las ocho y media de la mañana, en la misma barra del mismo bar de la misma estación de metro.

María Gracia nunca se ha sentido guapa, pero tuvo una edad luminosa que se prolongó en el tiempo, y buen tipo, un cuerpo donde las formas cóncavas y las convexas se acoplaban en una dichosa armonía. Tenía además un pelo espectacular, una melena castaña, larga y rizada que llamaba la atención, restándola de los rasgos de un rostro vulgar de ojos pequeños, mandíbula cuadrada y labios casi inexistentes, de tan finos, que casaban muy mal con su acento venezolano. El paso del tiempo se ha cebado en el espesor de sus cabellos y en las curvas de su silueta, anulándolos por igual para dejarla a solas con sus labios borrosos, su mandíbula cuadrada, sus ojos pequeños, y un odioso flotador de grasa insoluble donde antes, en aquellos tiempos en los que al mirarse en el espejo veía un cuerpo y no un fardo rectangular, recuerda que solía ponerse un cinturón.

Hace mucho tiempo que no la mira nadie. La primera vez

5 **prolongarse:** sich verlängern, weiter andauern. | 6 **cóncavo/a:** nach innen gewölbt, konkav. | **convexo/a:** nach außen gewölbt, konvex. | 6f. **acoplarse:** sich zusammenfügen. | 9 **restar a alg.:** jdm. etwas ersparen (*restar:* abziehen). | **el rasgo:** Gesichtszug. | **el rostro:** Gesicht. | **vulgar:** gewöhnlich. | 11 **casar mal con algo** (fig.): schlecht zu etwas passen. | 12f. **el paso del tiempo se ha cebado en el espesor de sus cabellos:** etwa: der Zahn der Zeit hat ihrer Haarfülle zugesetzt (*cebarse en:* seine Wut auslassen an). | 13 **la silueta:** Figur. | **anular:** auflösen. | 13f. **por igual:** gleichermaßen. | 14 **borroso/a:** verschwommen. | 15 **el flotador:** hier (fig.): Fettpolster (*el flotador:* Rettungsring). | 17f. **el fardo rectangular:** rechteckiger Ballen/Packen.

que él lo hace, se repasa discretamente a sí misma para comprobar que no ha pisado una caca de perro, ni ha reventado las costuras de los pantalones, ni ha salido de casa con la parte de arriba del pijama. Cuando descubre que todo está en orden, piensa que será una casualidad.

Antonio jamás ha sido guapo, en su juventud menos que nunca. La edad ha ido secando los granos de su cara, eliminando el exceso de grasa que convirtió durante décadas su nariz en un bulto informe, sustituyendo las ondas espesas, apelmazadas, de su flequillo, por una calvicie que le amarga aunque le favorece, o viceversa. Todo lo demás es obra del alcohol. De adolescente envidiaba a los chicos muy delgados, y a fuerza de beber ha logrado quedarse en los huesos. Como nada sale gratis, el coñac le ha asignado a otra raza. Ahora parece un piel roja, rojiza su cara en general, en particular sus pómulos, repletos de venillas rotas que se ramifican día tras día para conquistar ya la base de su nariz.

Todos los días, a las ocho y media de la mañana, se encuentran en la misma barra del mismo bar de la misma estación de metro. Ella va a trabajar, a limpiar casas por horas. Él ya no trabaja, pero pone el despertador todas las noches, igual que antes, porque no puede permitirse en su derrota

1 **repasarse:** sich (unauffällig) selber ansehen. | 2 **reventar** (e>ie): zum Platzen bringen. | 3 **la costura:** Naht. | 7 **el grano:** Akne. | 8 **el exceso:** Überschuss. | 9 **el bulto informe:** Geschwulst, unförmiger Klumpen. | **las ondas espesas:** hier: dichte Locken (*la onda:* Welle). | 10 **apelmazado/a:** verfilzt. | **el flequillo:** Stirnfransen, Pony. | **amargarse:** verbittern (*la amargura:* Bitterkeit, Bitternis). | 13 **quedarse en los huesos** (fam.): spindeldürr sein, vom Fleisch fallen. | 14 **asignar a:** zuteilen, zuweisen. | 15 **el/la piel roja** (fam.): Rothaut. | 16 **el pómulo:** Backenknochen. | **la venilla** (dim.): *la vena:* Ader. | 16 f. **ramificarse:** sich verästeln/ausweiten. | 22 **la derrota:** Niederlage.

la humillación suprema de quedarse en la cama hasta el mediodía. Además, al despertar siempre tiene sed, pero sobre todo soledad, tanta y tan variada que no puede con ella. Por eso va al bar, para estar rodeado de gente, para que el dueño le salude por su nombre, para encontrarse con su amigo Serafín, otro parado de larga duración, tan parecido a él como su dependencia de una máquina tragaperras se parece a las dos copas de coñac que Antonio necesita tomarse cada mañana, aunque apenas mitiguen la amargura de su despertar.

María Gracia también está sola. También ha estado casada, tampoco ha tenido hijos, también la ha abandonado su pareja, tampoco ha encontrado otra, también ha vivido mejor, tampoco ha vivido nunca peor que ahora. La primera vez que la ve, Antonio lee todo esto en su rostro como en un libro abierto y recuerda aquel refrán que solía decir su madre, siempre hay un roto para un descosido. El roto, sin duda, es él, pero si pudiera contar con alguien, si pudiera descansar en alguien, si pudiera compartir su miseria con alguien, aún encontraría fuerzas para recomponer alguno de sus pedazos. El descosido tendría que ser una mujer no muy joven, ni muy guapa, ni lo suficientemente atractiva como para no estar desesperada de su propia soledad. Porque sólo una mujer rotunda, abrumadora, definitivamente

1 **supremo/a:** höchst, allerhöchst. | 3 **no poder** (o > ue) **con algo:** mit etwas nicht zurecht kommen. | 6 **el parado / la parada de larga duración:** Langzeitarbeitslose(r). | 7 **la máquina tragaperras** (f. pl.): Glücksspielautomat. | 9 **mitigar:** mildern, lindern. | 16 **el refrán:** Sprichwort. | 17 **Siempre hay un roto para un descosido** (loc.): Für jeden Topf findet sich ein Deckel. | 19 **la miseria:** Elend. | 20 **recomponer:** wieder zusammensetzen. | 24 **rotundo/a:** entschieden. | **abrumador/a:** überwältigend.

desesperada, podría estar dispuesta a aferrarse a un clavo al rojo vivo, tan ardiente y doloroso como la única vida que Antonio puede ofrecer. Por eso se fija en aquella mujer que le parece mucho para él, pero también perfecta de puro triste. Perfecta de puro sola.

La mira después de que hayan pasado muchos, demasiados años sin que haya recibido una mirada de nadie y María Gracia colecciona, una por una, sus miradas. Las clasifica, las estudia, las contempla y acaba poniéndose de parte de su admirador, distinguiendo en él cierta aura romántica, el encanto alcohólico de los detectives fracasados de las novelas baratas, el atractivo de los perdedores contumaces. Nunca en su vida ha distinguido esa clase de auras, nunca ha sucumbido a ese encanto ni ha hallado en nadie un atractivo semejante. Sabe que se está engañando, pero no le importa. Las mujeres como ella no pueden elegir, así que cuando termina de estafarse a conciencia, decide que no le disgusta. Si se le acerca, no le importaría conocerle.

Así llevan casi un año.

Cada vez que él se promete a sí mismo que se acercará para darle los buenos días, María Gracia deja unas monedas sobre el mostrador y se marcha a toda prisa. Cada vez que

1 **aferrarse a:** sich festklammern an. | 1 f. **al rojo vivo:** rotglühend. | 8 **clasificar:** einordnen. | 9 **ponerse de parte de alg.:** sich auf jds. Seite schlagen. | 10 **el aura** (f.): Aura, Ausstrahlung. | 11 **fracasado/a:** gescheitert (*el fracaso:* Misserfolg, Flop). | 12 **contumaz:** hartnäckig. | 13 f. **sucumbir a algo:** einer Sache erliegen. | 14 **hallar:** finden. | 15 **semejante:** ähnlich, derartig. | **engañarse:** sich (selbst) etwas vormachen. | 17 **estafarse a conciencia** (f.): sich bewusst in die eigene Tasche lügen.

ella se atreve a sonreírle, Antonio vuelve la cabeza un instante antes de contemplar la curva de sus labios.

Esta mañana de septiembre con vocación de octubre, ventosa y desapacible, parece definitiva. Ella, que ayer fue a teñirse a la peluquería de Amalia, ha estado ausente casi un mes, el que se han tomado de vacaciones los dueños de las casas donde trabaja. Él ha tenido casi un mes para pensar, aunque al verla llegar se pone muy nervioso.

– Hola – dice, tan bajo que nadie le escucha.

María Gracia percibe que ha dicho algo, sonríe, y le saluda inclinando la cabeza, mientras pide el café con leche y las dos porras de todas las mañanas.

Antonio no está seguro de si el saludo iba dirigido a él o a Mari Carmen, la dueña del bar.

Mañana será otro día, piensa él.

Mañana será otro día, piensa ella.

3 **con vocación de octubre** (m.): etwa: der schon Oktober sein könnte (*la vocación:* Berufung). | 4 **ventoso/a:** windig. | **desapacible:** ungemütlich. | 12 **la porra:** frittiertes Spritzgebäck, Churro.

El lunes, al abrir el bar, Pascual lo entiende todo.

– Oye, hijo … ¿Yo te he hablado alguna vez de Edelmira?

El primer día del otoño su madre todavía está en el hospital. Ha ingresado a finales de julio y el pronóstico aún no es irremediable, pero lleva unos días muy nerviosa. Sus hijos se han dado cuenta, aunque las enfermeras insisten en que tiene la tensión bien y los resultados de las últimas pruebas están dentro de lo esperable.

– ¿Edelmira? No, nunca me has hablado de ella.

– ¡Ah!, pues te voy a contar …

– Pero, mamá … – Pascual acerca su silla a la cama de la anciana, la coge de la mano, la besa en el dorso –. Lo que tienes que hacer tú es estar tranquila.

– Ya, pero hablar no me cansa y quiero hablarte de Edelmira, pon atención, verás … Era una amiga mía que estaba casada con un hombre que se llamaba Juan y vivía en la casa de sus suegros, con su marido y un hermano suyo, algo mayor, que se llamaba … Bueno, con su cuñado, que había emigrado y acababa de volver de Alemania …

Quince días después de la muerte de su madre, Pascual va con sus hermanos a la casa del pueblo. Ya han tomado la decisión de venderla, pero antes de encontrar comprador tienen mucho que hacer, encontrar a alguien que vaya a limpiarla, a alguien que se encargue de vaciarla, a alguien interesado en comprar los muebles. Y antes de nada, tienen que

4 **ingresar:** eingeliefert werden. | **el pronóstico:** Prognose. | 5 **irremediable:** unheilbar. | 7 **la tensión** (med.): Blutdruck. | 12 **el dorso:** Rückseite. | 24 **encargarse de:** sich kümmern um.

abrir los cajones, los armarios, rescatar cualquier objeto con valor sentimental, disponer de la herencia material de la familia. No es una tarea agradable. Se reparten la casa por habitaciones y a Pascual le toca la cocina, pero cuando apenas ha tenido tiempo de hacerse una idea de lo que hay, su hermana Ana, la pequeña, les convoca a todos a gritos en el dormitorio de sus padres.

– ¿Vosotros habéis visto alguna vez esta foto?

En un cartón grueso, de bordes dentados, Pascual ve a un hombre sonriente, de unos treinta años, con la cara tostada por el sol, una camisa de cuadros y un pantalón de trabajo sujeto con un cinturón desobediente, abrochado por encima de las trabillas.

– No – admite –, pero esta es mamá.

Y señala a una mujer algo más joven, tan bronceada como si volviera de unas vacaciones, una blusa blanca, una falda azul marino, una sonrisa aún más radiante.

– ¿En serio? – duda su hermano Alfredo –. Me lo había parecido, pero ... Está muy guapa, ¿verdad?

– Sí, quizás por eso la guardaba en el cajón de su mesilla – supone Ana –. La he encontrado allí, metida dentro de un pasaporte caducado hace la torta de años, debajo de un montón de papeles.

Y en ese momento, Pascual no se acuerda del hospital, ni de la voz de su madre, ni de la vida de Edelmira.

1 **rescatar:** retten. | 6 **convocar:** zusammenrufen. | 9 **el borde:** Rand. | **dentado/a:** gezackt. | 11 **de cuadros:** kariert. | 12 **sujeto/a:** befestigt. | **desobediente:** widerspenstig. | 13 **la trabilla:** Gürtelschlaufe. | 17 **radiante:** strahlend. | 22 **caducado/a:** abgelaufen. | **hace la torta de años** (m., fam.): vor vielen Jahren, anno dunnemals.

– Era buena chica, lo que pasó fue que tuvo mala suerte, o bueno, a lo mejor no, yo qué sé. El caso es que un día pensaba ir con su marido a la feria de ganado de Talavera, pero la noche anterior él se levantó varias veces para vomitar. Creyeron que no era nada, algo que le habría sentado mal, pero todos habían cenado lo mismo y al día siguiente él fue el único que amaneció con fiebre. No importa, dijo Edelmira, vendemos los terneros el mes que viene, pero su marido no quiso. Que no, Edelmira, le dijo, que no y que no. Necesitamos el dinero ahora para pagar a los braceros de la vendimia, así que vas tú y que te acompañe mi hermano. ¿Te estás enterando?

– Sí, mamá, me entero …

Pero Pascual no presta mucha atención a la historia de Edelmira. La tele de la habitación está encendida y mientras su madre habla, él mira de reojo un episodio de la serie favorita de su mujer, un culebrón romántico donde los niños perdidos de pequeños reaparecen a los treinta años y resulta que no son hijos de quienes creían que eran sus padres, pero por el camino se enamoran de sus primas que al final son sus hermanas. Y sin embargo se da cuenta de que su madre se está divirtiendo. Por alguna razón, le gusta mucho la historia de esa amiga suya y charlar la tranquiliza. Su hijo lo celebra, pero no se molesta en preguntarse por qué.

– ¿Y él? – tres meses más tarde, en la casa del pueblo, su

3 **la feria de ganado** (m.): Viehmarkt. | 5 **sentar** (e>ie) **bien/mal a alg.:** jdm. gut/schlecht bekommen (Essen). | 10 **el bracero:** Hilfsarbeiter. | 16 **mirar de reojo** (m.): aus dem Augenwinkel ansehen. | 17 **el culebrón:** Seifenoper, TV-Serie. | 24 **celebrar algo:** etwas feiern; hier: sich über etwas freuen.

hermano coge la foto y se la acerca a los ojos –. ¿Sería un hermano? ¿Un novio?

– A ver … – Pascual, el primogénito, se ajusta las gafas, se fija en el hombre al que antes no ha mirado bien, le estudia con atención y se da cuenta de que lo conoce –. Yo creo que este es el tío Alfredo.

– ¿El tío Alfredo? – pregunta una hermana.

– Sí, el hermano mayor de papá.

– ¿Pero ese no se fue a Alemania? – pregunta la otra.

– Sí, pero … – Pascual mira el reverso de la cartulina –. Aquí pone «Talavera de la Reina, agosto, 1963». Habría vuelto a casa de vacaciones.

Porque su madre tenía un cuñado.

Igual que Edelmira.

– Ella era una mujer decente, no creas … – en ese momento, la hija ilegítima se encara con la mujer de su padre –. ¡Pascual! ¿Quieres dejar de mirar la tele y atender?

– Sí, mamá, si estoy atendiendo – y para que no se enfade, acerca su silla a la cama de su madre, con cuidado de no dar la espalda del todo a la pantalla –. A ver, ¿qué le pasó a Edelmira?

– Que ella era buena, decente, y estaba bien casada. Juan no había sido su primer novio, y por eso, porque había dejado a otro por él, estaba segura de haber acertado. Su cuñado no pudo venir a la boda. Llevaba menos de un año trabajando en aquella fábrica y no le dieron permiso. Vino al año si-

3 **el primogénito / la primogénita:** Erstgeborene(r). | **ajustarse:** zurechtrücken. | 10 **el reverso:** Rückseite, Umseite. | 16 **ilegítimo/a:** unehelich. | **encararse con alg.:** jdm. entgegentreten/gegenüberstehen. | 24 **acertar** (e > ie): das Richtige tun; richtig liegen.

guiente, en verano, y entonces conoció a Edelmira. A ella le iban muy bien las cosas, sólo le faltaba un hijo para estar contenta del todo, pero al llegar su cuñado, empezó a pasarle algo muy raro, porque si estaban juntos en la misma habitación parecía que saltaban chispas, y cuando se quedaba a solas con él, aunque fuera un momento, le entraban unas palpitaciones que le ponían el corazón en la boca, como si dijéramos ... Por eso, cuando su marido quiso mandarlos juntos a la feria, intentó desanimarle, quedarse en casa. Que vaya tu hermano, le dijo, que yo no entiendo nada y así me quedo a cuidarte ... Pero el marido, que era muy cabezón, volvió a decir que no. Ni hablar, vas tú, que eres la dueña de los terneros, no es tan difícil, Edelmira, y además, con suerte estáis aquí de vuelta a la hora de cenar ... Tuvieron mucha suerte, porque apalabraron los terneros antes de comer y los vendieron a media tarde, pero no volvieron a casa aquella noche. El cuñado de Edelmira llamó a la tasca de la plaza de su pueblo y le pidió al tabernero que avisara a su hermano de que el tratante más interesado en el ganado no se había decidido aún, de que habían quedado con él a la mañana siguiente, de que iban a dormir en una fonda. Ni siquiera eso fue verdad, porque tomaron dos cuartos en una fonda, pero apenas durmieron. ¿Lo entiendes, Pascual?

5 **saltar chispas** (f. pl.): Funken sprühen, funken. | 7 **la palpitación:** Herzklopfen. | **le ponían el corazón en la boca** (fig.): ließen ihr das Herz bis zum Hals schlagen lassen, machten sie nervös. | 9 **desanimar a alg.:** jdm. etwas ausreden. | 12 **el cabezón:** Sturschädel. | 15 **apalabrar:** zusagen, mündlich vereinbaren. | 17 **la tasca:** Dorfgasthaus. | 18 **el tabernero / la tabernera:** Wirt(in). | 19 **el/la tratante:** Händler(in). | 21 **la fonda:** einfaches Gasthaus.

– Claro, mamá ... – ha ido girándose poco a poco y ya está viendo al padre abrazar a su hija, los dos llorando a moco tendido –. Que echaron una cana al aire, ¿no?

– ¡Qué canas ni qué canas! Si eran muy jóvenes – y al corregirle, se echa a reír.

– Vale, vale – Pascual ya no recuerda cuánto tiempo hace que no oye reír a su madre, y se ríe con ella –, era un decir ...

Durante el resto de su vida, Pascual querrá convencerse de que si la muerte de su madre hubiera sido más amable, si el cáncer no la hubiera arrasado, si no la hubiera consumido tan cruelmente, tan deprisa, sin concederle siquiera la gracia de la inconsciencia, él se habría acordado a tiempo de la historia de Edelmira y su cuñado.

– Pues sería la única vez que volvió – su hermana Charo, la segunda de los cuatro, coge la foto y se concentra en el hombre –, porque yo nunca le he visto por aquí.

– Porque luego se casó con una alemana y se quedó allí, pero al principio sí que venía – y Pascual ya está seguro –. ¿No te acuerdas? Yo sí me acuerdo de él.

– No sé qué decirte – Charo, que sólo es un año más joven que su hermano mayor, parece dudar –. Igual ...

– ¿Y no volvió nunca más? – pregunta Ana –. Es raro, ¿no?

2 f. **llorar a moco** (m.) **tendido** (fam.): Rotz und Wasser heulen. | 3 **echar una cana al aire** (fam.): die Sau rauslassen; sich miteinander (im Bett) vergnügen. | 4 **¡Qué canas ni qué canas!** (fam.): etwa: Was heißt denn da Sau? | 5 **echarse a reír:** loslachen. | 7 f. **es un decir:** das sagt man halt so. | 11 **arrasar:** dahinraffen. | 12 **conceder algo a alg.:** jdm. etwas gewähren. | 12 f. **la gracia:** Gnade. | 13 **la inconsciencia:** Bewusstlosigkeit.

– Vete a saber. En aquella época, Alemania estaba muy lejos.

– Pues debían de llevarse bien, porque no hay más que verlos. Mamá está guapísima. Yo nunca la he visto tan guapa en ninguna foto.

Cuando termina la serie, la hija de la paciente de la cama de al lado, con los ojos hinchados de llorar, corre la cortina y se despide de Pascual hasta el día siguiente.

– Yo también me voy a ir, mamá, que ya es muy tarde.

– No, no. Tú quédate un rato, que tengo que acabar de contarte ... – Pascual intenta levantarse y su madre se incorpora, se sienta en la cama para agarrarle del brazo –. Quédate, Pascual, si no es más que un momento, verás ... Dos días después de la feria de ganado, el cuñado de Edelmira se volvió a Alemania y ella se dio cuenta de que, cada vez que alguien pronunciaba su nombre, tenía que levantarse corriendo de la silla para irse a la cocina. La pobre no entendía lo que le había pasado. No sabía ponerle un nombre. No estaba contenta, ni orgullosa de lo que había hecho, y sin embargo, cuando se quedaba a solas consigo misma, en la cama antes de dormir, o en el cine, mientras aparentaba mirar la película, pensaba en su cuñado, sentía una mezcla extraña de sensaciones frías y calientes a la vez, y sonreía sola, sin querer. Lo peor era que por fin se había quedado embarazada y no estaba muy segura de quién había sido el responsable. La criatura fue un niño clavado, pero lo que se dice clavado, a su familia paterna. Al verle, Edel-

1 **¡Vete a saber!** (fam.): Wer weiß? | 11 f. **incorporarse:** sich aufrichten. | 12 **agarrar a alg.:** jdn. festhalten/packen. | 21 f. **aparentar algo:** etwas vorspielen/vorgeben. | 26 **ser clavado/a a alg.:** jdm. wie aus dem Gesicht geschnitten sein. | 27 **paterno/a:** väterlich(erseits).

mira suspiró, porque aunque no fuera de su marido, nadie iba a darse cuenta.

– Bueno ... – la hermana pequeña mira a todos sus hermanos antes de guardar la foto en su caja –. Me la quedo, ¿vale?

Después, Pascual también se arrepiente de eso, aunque todos los hermanos tienen el mismo derecho a poseer esa imagen.

– Tranquilo, que ya queda muy poco ...

– No, si la que me preocupa eres tú, mamá, que tendrías que estar durmiendo.

– Si yo no duermo nada, hijo, si es por eso ... El caso es que, durante seis años, el cuñado de Edelmira volvió al pueblo cada verano, para decirle siempre que la quería, que dejara a su marido y se fuera con él a Alemania. O sea, que durante el otoño, el invierno y la primavera, Edelmira cuidaba de su marido, de su hijo, se convencía de que era muy feliz y se prometía a sí misma que los líos con su cuñado se habían terminado para siempre, pero cuando llegaba el verano y le veía ... ¡Ay! Cuando le veía, cuando le abrazaba para darle la bienvenida y volvía a oler a él, cuando él la miraba y sonreía ... No podía resistirse. La tentación era demasiado fuerte. Edelmira sentía que si no le besaba, se le caerían los labios, que si no le abrazaba, se pondría enferma, y así, un año, y otro año, y cada vez que él se iba, ella se daba cuenta de que había vuelto a quedarse embarazada. Pero aunque se hizo el pasaporte y todo, nunca se atrevió a fugarse con él, y no sólo por los niños, que ya eran cuatro cuando su cuñado

1 **suspirar:** seufzen; hier: aufatmen. | 4 **me la/lo quedo:** ich behalte es. | 6 **arrepentirse** (e>ie): bedauern, bereuen (*el arrepentimiento:* Reue). | 27 **fugarse:** hier: durchbrennen.

le dijo que, si no le quería, iba a casarse con su novia de Stuttgart para no volver nunca, sino porque estaba empeñada en que ella quería a Juan, que era muy buen hombre, muy cabezón, pero muy bueno, y no se merecía quedarse solo, perderlo todo de golpe.

– ¿Y así termina la historia, mamá?

– Así. Porque Edelmira nunca volvió a ver a su cuñado, ni a quedarse embarazada.

– Pues es un final muy triste.

– Sí que lo es, pero … Así es la vida, ¿no?

Cuando la deja sola aquella noche, la madre de Pascual está tranquila, mucho mejor que en los últimos días. A partir de la mañana siguiente, cae en picado, aunque aún tarda casi tres semanas en morir.

– Oye, pues si este Alfredo se casó en Alemania, igual tenemos unos primos por allí – el abogado, tocayo de su tío, es el único que piensa en eso –. Deberíamos intentar localizarlos, ¿no? Porque esta casa también es de sus abuelos.

– No, Alfredo no tuvo hijos – Pascual, el primogénito, es de nuevo el mejor informado de los cuatro –. Papá me lo contó una vez, hace muchos años.

– Ah, entonces nada – concluye el otro Alfredo –. Vamos a seguir, a ver si adelantamos, ¿no?

Cuando terminan de revisar, limpiar, recoger, clasificar,

2 f. **estar empeñado/a en:** fest überzeugt sein, dass. | 5 **de golpe** (m.): auf einen Schlag, auf einmal. | 13 **cae en picado** (fig.): es geht schnell abwärts mit ihr (*el picado:* Sturzflug). | 15 **igual** (adv.): vielleicht. | 16 **el tocayo / la tocaya:** Namensvetter(in), Gleichnamige(r). | 17 f. **localizar a alg.:** jdn. ausfindig machen. | 23 **adelantar:** weiterkommen, Fortschritte machen.

creen que también ellos han llegado al final de una triste historia, y vuelven a Madrid con el ánimo pocho, un humor melancólico que encaja bien con la lluvia fina, espesa, que les escolta desde Navalcarnero hasta el portal de sus casas. Pero la responsable de la tristeza no es tanto la lluvia como Charo, que antes de cerrar la puerta de la de sus abuelos, se planta en el umbral, apoya una mano en cada jamba como si pretendiera cerrarles el paso y dice lo que ninguno de sus tres hermanos quiere escuchar.

– ¿Pero de verdad queréis vender esta casa?

Su silueta se recorta en un paisaje dulce y hermosísimo, la finca de su familia a finales de octubre, la luz delicada del crepúsculo resaltando los perfiles de los montes, el ruido del agua en las acequias, una brisa fresca agitando las hojas rojizas de unos árboles que parecen arder en sus propias llamas sin consumirse jamás.

– ¿Pero no se os parte el corazón sólo de pensarlo? – insiste Charo, y ninguno de sus hermanos se atreve a responder.

Pascual se acuesta muy tarde y le cuesta tanto dormirse que, cuando suena el despertador, duda de haber dormido en realidad. Pero tiene que abrir el bar y se levanta, se lava, se viste, se toma un café en la cocina a toda prisa, baja corriendo las escaleras.

2 **con el ánimo pocho/a:** niedergeschlagen. | 3 **encajar bien con algo:** gut zu etwas passen. | **espeso/a:** dicht. | 4 **escoltar a alg.:** jdn. begleiten. | 7 **el umbral:** Schwelle. | **la jamba:** Türpfosten. | 11 **recortarse en:** sich abzeichnen von. | 12 **delicado/a:** zart. | 13 **el crepúsculo:** Abenddämmerung. | **resaltar:** hervorheben, betonen. | 14 **la acequia:** Bewässerungsgraben/-kanal. | **agitar:** hin und her bewegen. | 15 **rojizo/a:** rötlich. | 16 **consumirse:** ausbrennen. | 17 **partirse el corazón a alg.:** jdm. das Herz brechen.

A las siete menos veinte mete la llave en la cerradura, la gira, y el motor empuja el cierre metálico hasta arriba.

Entonces, sólo entonces, se acuerda de Edelmira.

– ¿Qué pasa, jefe, que hoy no abrimos?

Seis minutos más tarde, la camarera más madrugadora le encuentra en esa misma posición, de pie en el umbral, el brazo derecho estirado, los dedos pegados a la llave, tan inmóvil, tan tieso como una estatua.

– Sí – contesta mientras repasa la fecha de su cumpleaños, los cumpleaños de sus hermanos, uno a finales de abril, dos en mayo, él a primeros de junio –. Enciende la cafetera, por favor …

Después, con ademanes lentos, no muy bien coordinados, saca la llave de la cerradura, entra en el local, se pone el mandil y se coloca detrás de la barra. Ahora ya no entiende cómo ha podido ser tan estúpido, pero al rato decide que ha pasado lo mejor que podía pasar, porque su madre ha muerto con la conciencia tranquila, libre del secreto que debió de torturarla durante toda su vida y sin tener que responder a preguntas incómodas. Esas son las ventajas de ser una mujer inteligente, sonríe Pascual para sí mismo, y sobre todo, las de tener un hijo tonto.

Aquel día, en el bar, sólo se habla de Alemania. Los bancos, la deuda, la Merkel, los griegos, y mi nieto que se va, y mi vecino de al lado, que dice que él también, y la hija de la

1 **la cerradura:** Schloss. | 2 **el cierre metálico:** Rollladen. | 5 **el madrugador / la madrugadora:** Frühaufsteher(in). | 7 **estirado/a:** ausgestreckt. | 8 **tieso/a:** steif. | 13 **el ademán:** Geste, Gebärde. | 15 **el mandil:** Schürze. | **colocar a algo/alg.:** etwas/jdn. postieren. | 19 **torturar a alg.:** jdn. quälen.

portera del 12, que ya está allí pero sólo ha encontrado un puesto de lavaplatos en un restaurante …

Pascual no dice nada, pero piensa que él también tendrá que ir un día de estos a Alemania.

A poner unas flores en la tumba de su padre.

2 **el/la lavaplatos:** Tellerwäscher(in). | 5 **la tumba:** Grab.

Al acostarse, Pepe Martínez siente la mandíbula izquierda levemente dolorida, como si se la hubiera golpeado sin darse cuenta. Qué raro, piensa, aunque a lo mejor el pequeño le ha dado un cabezazo aquella mañana, mientras jugaban al baloncesto en las canastas del Conde Duque. Y, sin embargo, aunque le lleva un rato admitirlo, él ya conoce esa sensación.

La primera vez tiene diecisiete años y a su novia – sí, hombre, aquella chica bajita y rubia, que era bastante sosa pero tenía un pedazo de escote, ¿cómo se llamaba?, Marisa, Maribel ... No, Marisol, se llamaba Marisol – no le baja la regla. Entonces ocurre por primera vez, un día entero con una tenaza en el estómago, la noche en blanco, y a la mañana siguiente, el cuarto inferior izquierdo de su cara abulta el doble que el resto. Su madre se asusta mucho, le lleva al dentista, le compra una caja de antibióticos, y apenas se ha tomado el primero cuando suena el teléfono. Él grita que contesta en la cocina, y descuelga para escuchar una sola palabra.

– Ya.

– ¿De verdad? – pregunta como si fuera tonto.

– Pues claro, ¿es que eres tonto?

2 **levemente:** leicht. | 4 **dar un cabezazo a alg.:** jdm. einen Kopfstoß versetzen. | 5 **la canasta:** Korb. | **Conde Duque:** Kulturzentrum mit Außenanlagen im Zentrum Madrids. | 8 **soso/a:** fade, farblos. | 9 **el pedazo de escote** (m., fam.): tiefer Ausschnitt. | 10 f. **no le baja la regla:** sie bekommt ihre Periode nicht. | 12 **(tener) una tenaza en el estómago** (fig.): einen Knoten im Magen haben (*la(s) tenaza(s):* Zange). | **la noche en blanco:** schlaflose Nacht. | 13 f. **abultar el doble:** doppelt so groß sein. | 17 **descolgar** (o>ue): abheben.

En ese momento su encía empieza a adelgazar, a desinflarse como un globo pinchado. A pesar de eso, se toma todos los antibióticos de la caja, como un acto de reconciliación con su muela, y con su suerte.

La segunda vez está a punto de cumplir treinta y tres y le pilla por sorpresa, porque Diana ya ha tenido dos partos, los dos rápidos, naturales y sin problemas.

– Pues este viene muy mal – le advierte una comadrona que en ese momento le parece horriblemente fea, y gorda, y desagradable –. Es muy pequeño, está mal colocado, de nalgas y enrollado en el cordón, no hay tiempo para una cesárea, vamos a intentar una extracción …

– ¿Puedo entrar?

– No.

Luego todo pasa muy deprisa, pero a él no le cuentan nada hasta que la madre está ya en su habitación y el bebé, que es pequeño, pero no tanto, y venía mal, pero no tanto, y ha sufrido, pero no tanto, instalado en una incubadora de la quinta planta.

– Lo siento, lo siento muchísimo, de verdad, perdóneme … – la enfermera que pasa por la puerta de la sala de espera y le encuentra allí, abandonado a su suerte, se pone

1 **la encía:** Zahnfleisch. | 1 f. **desinflarse:** abschwellen. | 2 **pinchar:** stechen. | 3 f. **la reconciliación:** Versöhnung. | 6 **el parto:** Geburt. | 8 **la comadrona:** Hebamme. | 10 **estar mal colocado/a:** hier: verkehrt herum liegen. | 10 f. **(el parto) de nalgas** (f. pl.): Steißgeburt. | 11 **enrollar:** einwickeln. | **el cordón:** Kordel; hier: Nabelschnur. | 11 f. **la cesárea:** Kaiserschnitt. | 12 **la extracción:** hier: Saugglockengeburt. | 18 **la incubadora:** Brutkasten. | 22 **abandonar a alg. a su suerte** (f.): jdn. seinem Schicksal überlassen. | 22 f. **ponerse colorado/a:** rot werden.

colorada antes de empezar a hablar –. Hemos tenido una noche de locos y nos hemos olvidado de usted. Pero al final no ha habido complicaciones, su hijo sólo tiene que engordar un poco, pero es fuerte, maduro, en tres o cuatro días podrán llevárselo a casa, su mujer está muy bien, y … ¿Qué tiene usted en la cara?

Cuando tiene tiempo y ánimo para mirarse en el espejo, Pepe vuelve a ver un rostro deforme, la mandíbula izquierda descolgada como si el hueso que la sostiene se hubiera deshecho. Allí mismo, en la planta de Maternidad, le dan otra caja de antibióticos, que se toma con la misma disciplina con la que desea, a todas horas, que el niño salga adelante.

Ahora, Pablo tiene trece años, es casi tan alto como él y se come los filetes de dos en dos. Mal estudiante, eso sí, de los que pasan de curso en septiembre y por los pelos, aunque su expediente académico no es responsable del flemón que esta noche, tantos años después, tampoco ha dejado dormir a su padre.

– Mira, Pepe, el lunes por la mañana, a primera hora, pásate por aquí, que tenemos que hablar de la reestructuración de la empresa …

El viernes no le da mucha importancia. Aunque todos la esperaban antes del verano y los más optimistas piensan

8 **deforme:** entstellt. | 10 **deshacerse:** sich auflösen, zerbröckeln. | 12 f. **salir adelante:** durchkommen, weiterkommen. | 15 **de dos en dos:** paarweise, zwei auf einmal. | 16 **pasar/aprobar** (o > ue) **el curso en septiembre:** erst mit bestandener Nachprüfung versetzt werden. | 17 **el expediente académico:** Zeugnis, Schulnoten. | **el flemón:** Zahnfleischentzündung. | 21 **la reestructuración:** Umstrukturierung.

que, a estas alturas de noviembre, es posible que los jefes hayan cambiado de opinión, la verdad es que la reestructuración está cantada. Llevan meses esperándola, pero todas las quinielas le excluyen por igual. Todo el mundo sabe qué departamentos funcionan y cuáles no, Pepe está en uno de los más rentables y se lleva muy bien con su jefe inmediato. Sin embargo, el sábado, a la hora de comer, empieza a notar que tiene un estómago, y que no parece dispuesto a digerir ni una sola de esas judías blancas que le gustan tanto.

– ¿Qué te pasa, Pepe? – se extraña su mujer.

– Pues no sé – le contesta –, ayer cuando estuve encestando con Pablo me quedé helado. Igual es eso.

– Claro – Diana se da la razón a sí misma con la cabeza –. Si ya han cambiado la hora y cada noche oscurece antes. ¿No os dije que os llevarais algo de abrigo? Y luego, encima, os liaríais a sudar …

– Oye, mamá, que yo me lo estoy comiendo todo – Pablo defiende su inocencia y su padre no abre la boca.

¿Para qué va a contárselo? Se limita a ayunar, y el domingo se levanta con un hambre de lobo, tan feroz que se impone sin esfuerzo a la rebelión de su aparato digestivo. A cambio, por la noche, empieza a dolerle la mandíbula.

– ¡Madre mía! ¿Pero qué tienes en la cara? – el lunes, en el desayuno, su mujer abre fuego.

3 **está cantado/a** (fam.): das steht fest, das ist allseits bekannt. | 4 **la quiniela:** Überlegung. | 8 **digerir:** verdauen. | 9 **la judía blanca:** weiße Bohne. | 11 f. **encestar:** Körbe werfen, Basketball trainieren. | 12 **quedarse helado:** sich erkälten. | 16 **liarse a sudar:** wie verrückt schwitzen. | 19 **ayunar:** fasten. | 20 **el hambre de lobo** (m., fam.): Bärenhunger (*el lobo:* Wolf). | 24 **abrir fuego** (m.): das Feuer eröffnen, (fig.) in die Offensive gehen.

– Pero, papá, si pareces un monstruo de *La guerra de las galaxias* – prosigue el ataque su hijo mayor.

– ¡Qué va! – y su hermana lo remata aguantándose la risa a duras penas –, estás todavía más feo que Chewbacca …

¿Y quién me habrá mandado a mí tener tres hijos?, se pregunta Pepe Martínez a sí mismo mientras agradece el silencio del pequeño, aunque sea el peor estudiante de los tres.

– Oye, Diana, ¿tenemos antibióticos?

Antes de salir de casa se toma el primero y cruza los dedos para que todos los demás sean de balde, tan inútiles como otras veces.

Aquel día, a la hora de comer, la inflamación ya ha empezado a remitir. Casi lo lamenta, porque le da mucha rabia que su cuerpo celebre con tanta facilidad que, en lugar de despedirle, le hayan bajado el sueldo un diez por ciento.

1 f. **«La guerra de las galaxias»:** *Star Wars*, 9-teilige US-Filmserie, produziert zwischen 1977 und 2019. | 2 **proseguir** (e>i): fortführen. | 3 **rematar:** beenden, abschließen. | 3 f. **aguantarse la risa a duras penas:** sich das Lachen kaum verkneifen können. | 4 **Chewbacca:** Figur in *Star Wars*; überdimensionaler Zweibeiner, stark behaart und intelligent. | 11 **de balde:** umsonst. | 13 **la inflamación:** Entzündung. | 14 **remitir:** nachlassen.

La rutina de su vida se ha vuelto muy simple.

El despertador suena más o menos a la misma hora que antes, eso sí, pero ahora va andando a trabajar. Procura no recordar cuánto habría pagado por ese privilegio muy poco tiempo atrás. En general, procura no recordar, porque la memoria le duele. Sin embargo, a su pobre manera, Sebastián es un privilegiado y lo sabe. Le resulta imposible calcular cuántos arquitectos técnicos de más de cuarenta años darían lo que fuera por hallarse en su lugar casi un año después de haber agotado la subvención por desempleo, pero intuye que son muchos. La mayoría.

– Pues, mira, es que se me ha ocurrido …

Cuando vuelve de pasar una semana en la playa, vaciando el apartamento, queda a tomar un café con Tomás, el dueño de la inmobiliaria que va a venderlo para quedarse con el dinero que consiga por él. Tomás es un buen tío, amigo suyo desde los tiempos de las vacas gordas y amigo de verdad, porque muy pocos habrían aceptado ese trato para dar por liquidada su última deuda. Tan pocos que, al verle vacilar, esquivar su mirada, mover la cucharilla sin cesar en una taza de café con leche donde ya no debe de quedar

3 **procurar:** versuchen. | 8 **el arquitecto técnico / la arquitecta técnica:** Bauingenieur(in). | 10 **agotar:** aufbrauchen. | **la subvención por desempleo** (m.): Arbeitslosengeld. | 11 **intuir:** ahnen. | 16 **ser un buen tío** (fam.): ein netter Kerl sein. | 17 **los tiempos de las vacas gordas** (loc.): die fetten Jahre. | 18 **el trato:** Abmachung, Vereinbarung, Deal. | 19 **dar por liquidado/a:** als abbezahlt gelten lassen. | 20 **vacilar:** zögern. | **sin cesar:** unaufhörlich (*cesar:* enden, aufhören).

ni un gramo de azúcar, Sebastián teme que vaya a echarse para atrás.

– Mira, yo ya sé que a lo mejor por el apartamento no sacas …

– ¡No, no, no, no, no, no, no! – Tomás niega con la cabeza como si quisiera sacudirse una serpiente del cuello, mueve las manos en el aire como si se le viniera otra encima, y hasta se sonroja un poco –. No es eso, no es eso, el trato está hecho y va a misa, es otra cosa, es … – y de pronto, su piel se torna rojiza, después casi violeta, como la de un adolescente en apuros –. Es una idea que … Joder, Sebastián, es que me da mucha vergüenza decírtelo.

Cuando el estudio quiebra, decide venderlo todo. Su casa del Soto de la Moraleja, el apartamento de la playa, el coche, las joyas de su mujer, su portátil y hasta el cuadro del salón, regalo de boda de un compañero de carrera que se ha convertido en un pintor de éxito notable. Con eso va liquidando las hipotecas, afronta las deudas acumuladas desde que la empresa empezó a irse a pique, y se queda con un colchón tan fino, tan endeble, que ni siquiera sirve como colchón. No tiene dinero para empezar otra vez, para alquilar un

1 f. **echarse (para) atrás** (fam.): einen Rückzieher machen. | 8 **sonrojarse:** rot werden. | 9 **va a misa** (f., fam.): es bleibt dabei, das steht fest. | 10 **tornarse rojizo/a:** rot anlaufen. | 11 **(estar) en apuros** (m. pl.): in der Klemme stecken. | 13 **quebrar** (e > ie): pleite gehen, Bankrott machen (*la quiebra:* Bankrott) | 14 **El Soto de la Moraleja:** gehobene Wohngegend im Norden Madrids. | 17 f. **liquidar una hipoteca:** Darlehen begleichen. | 18 **afrontar deudas** (f. pl.): Schulden abzahlen. | 19 **irse a pique** (m.): zu Grunde gehen. | **el colchón:** Matratze; hier: (fig.) finanzielles Polster. | 20 **endeble:** schwach, dünn.

piso, para amueblarlo con los saldos de los almacenes del extrarradio, y ningún banco está dispuesto a darle crédito. Su padre sí.

– Vuelve a casa, Sebas. Este piso es muy grande, tenemos sitio de sobra y a mí me vendrá bien tu compañía, la de los niños, te lo digo en serio. Desde que mamá se puso mala, esta casa es muy triste, hijo.

Su mujer le dice que ni hablar, que ella se queda en El Soto, en casa de su hermana. Que le quiere, pero que no quiere vivir con sus suegros, ella incapacitada por una demencia vascular agravada por el Parkinson, o viceversa, y escoltada a todas horas por una hondureña que sólo sabe guisar platos de su país, él dispuesto a comer todos los días arroz con frijoles con tal de no quedarse a solas con su mujer enferma.

– Compréndelo, Sebas, yo todavía soy joven, tengo derecho a rehacer mi vida, y siento muchísimo lo que te ha pasado, de verdad, daría cualquier cosa por haber podido evitarlo, cualquier cosa, pero ... No puedo arrastrar tu fracaso, lo siento, ya sé que soy una mierda, una puta, una cobarde, lo que tú quieras llamarme, pero si me fuera contigo me moriría – y se echa a llorar –, me moriría, para mí sería como la muerte ...

Si en ese momento no hubiera estado completa, radical,

1 **los saldos** (pl.): Ausverkauf. | **el almacén**: Großkaufhaus, Lagerhalle. | 2 **el extrarradio:** Außenbezirk. | 5 **de sobra:** mehr als genug. | 10 **incapacitado/a:** behindert. | 11 **la demencia vascular:** vaskuläre Demenz. | **agravar:** verschlimmern. | 12 **el hondureño / la hondureña:** Honduraner(in). | 13 **guisar:** kochen. | 14 **el frijol** (Am.): Bohne. | 17 **rehacer su vida** (f.): neu anfangen. | 19 **arrastrar:** mit sich herumschleppen.

absolutamente hundido, Sebastián habría podido calibrar su grado de hundimiento, porque siempre ha sido más rencoroso de lo que le hubiera gustado, sabe que ese es el más grave de sus defectos, y en ese momento ni siquiera puede sentir rencor.

Mientras su mujer sigue llorando por sí misma, él se traga la decepción sin decir nada, hace una maleta, besa a sus hijos, se va solo a la casa de sus padres y, mientras cena unas judías verdes sosas y un trozo de pescadilla rebozada, el menú con el que debuta en la dieta de ancianos que seguirá durante mucho tiempo, se limita a prometerse a sí mismo que invertirá el primer dinero que gane en contratar a un abogado y divorciarse.

Ocho meses después, su único éxito consiste en haber logrado desprenderse del invendible apartamento de la playa. Por lo demás, lo ha intentado todo, no ha encontrado nada y no ha ganado un céntimo. Tomás lo sabe, pero aun así le cuesta encontrar las palabras.

– Verás, es que vamos a inaugurar un edificio aquí cerca … – Sebastián está a punto de precipitarse a preguntar si quiere hablarle de una obra cuando recuerda el significado del verbo inaugurar –. Y como sé que has vuelto a este barrio, pues, se me ha ocurrido … No te ofendas, Sebas, prométeme que no te vas a ofender porque yo sólo quiero

1 **hundido/a:** deprimiert (*el hundimiento:* Untergang). | **calibrar:** abschätzen. | 3 **rencoroso/a:** nachtragend (*el rencor:* Groll). | 7 **la decepción:** Entäuschung. | 9 **la pescadilla rebozada:** kleine panierte Fische. | 10 **debutar en algo:** debütieren, etwas zum ersten Mal tun. | **de ancianos:** Senioren-. | 12 **invertir** (e > ie): investieren. | 15 **desprenderse:** loswerden. | **invendible:** unverkäuflich. | 20 **precipitarse:** sich beeilen, vorpreschen.

ayudarte. Y sé que no es trabajo para ti, lo sé de sobra, pero a lo mejor, mientras encuentras otra cosa …

Ahora, todos los días va andando a trabajar. Ha vuelto a llevar traje y corbata, aunque no puede escoger su ropa. La imagen corporativa de la empresa exige traje azul, camisa blanca y corbata oscura para todos los empleados de su departamento. Es demasiada elegancia para pasarse ocho horas dentro de una garita, subiendo y bajando la barrera del aparcamiento, pero a Sebastián no le importa, porque no ha tenido que pagarla él. Aunque Tomás sigue sin creerlo, la verdad es que le está muy agradecido por ese puesto, ese sueldo que no le permite ahorrar para el divorcio, pero sí mandarle dinero a sus hijos todos los meses y pagar su parte correspondiente del sueldo de Daisy, la cuidadora de su madre, doscientos euros que su padre ha puesto por él, sin decirles nada a sus hermanos, desde que empezó su ruina.

Además, su nuevo trabajo le deja mucho tiempo libre. El edificio todavía está medio vacío y algunas mañanas apenas tiene que abrir la barrera para dos docenas de vehículos. Durante el resto del tiempo está solo y le sobran horas para leer, para hacer crucigramas, para navegar gratis por Internet con el portátil asignado a su puesto de trabajo. Cada tarde, manda su currículum a todas las ofertas de empleo que ha descubierto en la red por la mañana, pero aún no le ha llamado nadie.

4 **escoger:** sich aussuchen. | 5 **la imagen corporativa:** Firmenimage, Corporate Identity. | **exigir:** verlangen. | 8 **la garita:** Pförtnerloge. | **la barrera:** Schranke. | 14 **el cuidador / la cuidadora:** Pfleger(in). | 23 **asignar a:** zuweisen, zuordnen. | 24 **el currículum:** Lebenslauf.

Sebastián procura no recordar, porque recordar le duele. Vive al día, organizando su tiempo alrededor de las pequeñas noticias de cada semana. La de esta es importante, porque se ha alquilado de golpe toda la primera planta del edificio, un gigantesco espacio diáfano que va a ocupar una empresa constructora, y de las gordas, según Tomás. Por eso, desde hace unos días, aparte de no recordar, Sebastián se prohíbe a sí mismo hacerse ilusiones, pero no puede evitarlo. Quizás, el recién llegado necesite contratar un equipo para reformar la oficina, quizás necesite gente para trabajar en el futuro, quizás sea un extranjero con mucho dinero y pocos contactos laborales en España, quizás, aunque sea español, le interese contratar a profesionales dispuestos a trabajar en cualquier otro país, quizás ...

Hoy, Sebastián se levanta antes de que suene el despertador. Se afeita, se lava y se peina con más cuidado del habitual antes de cepillar la chaqueta del uniforme. Y no se lleva a la garita ningún libro, no hojea el periódico, no enciende el ordenador. Ni siquiera está pendiente de la acera por la que suele pasar todas las mañanas, a las nueve menos cuarto, esa chica a la que conoció a finales de agosto, cuando alquiló con una amiga el apartamento contiguo al que era suyo y ahora es de la empresa para la que trabaja. Los minutos pasan con una lentitud enloquecedora hasta que, a las once y media, un Audi último modelo se detiene ante la barrera.

– Buenos días – dice el conductor, y luego nada, porque

5 **diáfano/a:** offen. | 6 **gordo/a:** hier: wichtig, groß. | 10 **reformar:** umbauen, renovieren. | 18 **hojear:** blättern. | 19 **estar pendiente de algo:** auf etwas achten, sich um etwas kümmern. | 24 **enloquecedor/a:** wahnsinnig, zum Verrücktwerden.

acaba de reconocer el rostro de uno de los empleados más humildes, peor pagados, de Soluciones Inmobiliarias Prisma.

Sebastián mira a la cara al hombre que ahogó en deudas a su estudio hasta que logró quebrarlo, pulsa un botón para abrir la barrera y no le devuelve el saludo.

5 **pulsar:** drücken. | 6 **devolver** (o>ue) **el saludo:** den Gruß erwidern.

La asistenta es la primera en darse cuenta.

– Lo juro, señora, lo juro – es muy raro que la llame al trabajo, y más aún que insista hasta obligarla a contestar –. Va a ver usted, en el cuarto del niño, va a ver, por favor …

– Sí, Svetlana, no te preocupes – pero Diana no se la toma en serio, y no por ucraniana, sino por asustadiza, porque nunca ha conocido a nadie que se asuste con tanta facilidad –. Luego, cuando llegue a casa, hablo con Pablo, tú tranquila.

– Tranquila no, señora. Es gasolina, lo juro, gasolina …

Diana cuelga, esconde el móvil en el cajón, le pide perdón a su paciente y sigue hablándole de las características del balón gástrico. Luego recibe a una mujer obesa, controla a un joven diabético, diagnostica un hipotiroidismo y, cuando sale del centro, se tropieza con una asamblea improvisada de batas blancas en el vestíbulo. La Asociación para la Defensa de la Sanidad Pública esperaba que el plan de viabilidad que incluye el cierre de este centro no arrancara hasta después de Navidad, pero hoy lo han discutido en

7 **por ucraniana:** weil sie Ukrainerin ist. | **asustadiza:** schreckhaft, ängstlich. | 12 **colgar** (o>ue): auflegen. | 14 **el balón gástrico:** Magenballon. | **obeso/a:** stark übergewichtig, fettleibig. | 15 **el hipotiroidismo:** Unterfunktion der Schilddrüse. | 16 **tropezarse con alg.** (e>ie): zufällig jdm. über den Weg laufen . | **la asamblea:** Versammlung. | 17 **la bata blanca:** weißer (Arzt-)Kittel. | **el vestíbulo:** Eingangshalle. | 18 **la Asociación de la Defensa de la Sanidad Pública:** Vereinigung zum Schutz des öffentlichen Gesundheitswesens. | 18 f. **el plan de viabilidad** (f.): Machbarkeitsstudie. | 19 f. **arrancar:** hier: in Kraft treten.

el parlamento regional y todavía estamos a mediados de noviembre.

En la calle ya es de noche. Está lloviznando, hace frío, pero Diana incumple religiosamente todas las normas que intenta imponer a su familia y no se abrocha el abrigo, no abre el paraguas. Una lluvia indecisa, inclemente como su futuro, la empapa despacio mientras camina como una autómata, absorta en la calamidad que se le viene encima. Al llegar a su casa ya ha olvidado la llamada de su asistenta, pero Pepe la recibe con una pregunta.

– Oye, ¿tú has olido a gasolina en casa últimamente?

Y le cuenta que Marcos, el vecino del 34 y, sobre todo el padre de Alba, la mejor amiga de Pablo, acaba de pararle por la calle.

– Me ha preguntado si yo sabía lo que se traen los niños entre manos, y le he dicho que no tenía ni idea de lo que me estaba hablando. Entonces me ha contado que esta mañana, en el desayuno, su hijo pequeño se ha peleado con su hermana por los cereales de chocolate, y le ha dicho que como se los comiera todos, iba a contar lo del bidón que tiene debajo de la cama. Luisa hizo como que no había oído nada, pero cuando los niños se fueron, miró debajo de la cama de Alba y ¿qué te crees que encontró?

– ¿Un bidón de gasolina? – pregunta Diana, y Pepe asiente –. Pues el caso es que Svetlana me ha llamado esta mañana para contarme que olía a gasolina en el cuarto de Pablo,

4 **incumplir:** missachten. | **religiosamente:** hier (fig.): haargenau. | 5 **abrochar:** zuknöpfen. | 6 **indeciso/a:** unentschieden, unentschlossen. | **inclemente:** unbarmherzig. | 7 **empapar:** durchnässen. | 8 **absorto/a:** versunken. | **la calamidad:** Unglück, Unheil. | 13 **parar a alg.:** jdn. anhalten. | 20 **el bidón:** Kanister.

pero no le he hecho ni caso, la verdad, como es tan exagerada …

Lo del cierre del centro no se lo cuenta, ¿para qué? Después de tantos años, Pepe y ella se parecen mucho más de lo que creen. Los dos reaccionan igual ante sus propios problemas, aunque como siempre se guardan las malas noticias para sí mismos, ninguno de los dos llega nunca a darse cuenta.

Pablo siempre había tenido los mismos amigos, dos niños y una niña de su edad, de la misma calle, que hacían el mismo curso en el mismo colegio. Los cuatro habían aprendido a montar en bicicleta al mismo tiempo, los cuatro jugaban en el mismo equipo de baloncesto, los cuatro se apuntaban a las mismas actividades extraescolares, los cuatro iban al mismo campamento cada verano. Ya no, porque son solamente tres.

Los padres de Daniel perdieron su casa antes de que terminara el curso anterior, después de meses de lucha desesperada con el banco, con las agencias que no conseguían venderla, con el juzgado que ordenó finalmente su desahucio, con los agentes que se abrieron paso arrollando a cuatro niños y a un montón de adultos que habían logrado impedirlo otras veces pero no lograron impedirlo aquella vez.

Para Pablo había sido un drama incomparable. Para Daniel, una tragedia. Porque vosotros os quedáis en el barrio, les había dicho a sus amigos, vosotros vais a seguir aquí,

1 **no hacerle caso** (m.) **a alg.:** jdn. nicht beachten. | 20 **el juzgado:** Gericht. | 20 f. **el desahucio:** Zwangsräumung. | 21 **abrirse paso** (m.): sich einen Weg bahnen. | **arrollar a alg.:** über jdn. hinwegfahren.

los tres juntos. Yo soy el que se va, el que sale perdiendo, y no sabéis cuánto, porque os voy a echar mucho de menos, mucho mucho, muchísimo ... Desde aquel día, la verdad es que Pablo y sus amigos están muy raros, y hacen cosas más raras todavía.

– Pues no, yo no sé nada – les cuenta Marta, la madre de Felipe –, claro, que estoy yo como para enterarme de algo.

– Pero ... – Marcos es el único que se atreve a preguntar –. ¿Qué ha pasado?

– Pasad, anda. ¿Queréis un café?

Marta es una mujer misteriosa.

Ella no vive desde siempre en este barrio, como Pepe y Diana, y tampoco se muda aquí después de casarse, como Marcos y Luisa. Ellos no saben si Marta está casada o si lo ha estado alguna vez, sólo que aparece por aquí un buen día con un niño de cinco años.

Cuando Felipe hace amigos en el colegio, les dice que él conoce a su padre, aunque hace mucho que no le ve. Por su parte, hablando con los padres de Pablo, con los de Alba, Marta va contando que antes vivía cerca del río, en una casa baja, muy vieja, una ruinosa herencia familiar que cayó bajo la piqueta de un proyecto de ampliación de la M-30. Pero a veces se despista y menciona el piso donde crió a Felipe. Y una vez, en el mercado, Diana la escucha hablar con el char-

1 **salir perdiendo** (fam.): den Kürzeren ziehen. | 7 **que estoy yo como para enterarme de algo:** etwa: wie soll ich irgendetwas mitbekommen. | 21 **ruinoso/a:** baufällig. | 21 f. **caer bajo la piqueta:** abgerissen werden. | 22 **la ampliación:** Ausbau. | **la M-30:** hochfrequentierter Autobahnring in Madrid. | 23 **despistarse:** durcheinanderkommen. | 24 f. **el charcutero / la charcutera:** Metzger(in).

cutero de los bloques nuevos de Vicálvaro, y afirmar que, antes de mudarse, ella vivía allí. Lo único que no cambia en ninguna versión es que ahora Marta y Felipe viven en un piso pequeño y luminoso, en un bloque de viviendas sociales recién edificado sobre una vieja corrala que llevaba décadas cayéndose a pedazos.

Nadie sabe mucho más sobre esta mujer todavía joven, que siempre está sola o con su hijo. Marta habla poco, sonríe mucho y no es feliz. Sin embargo, tiene suerte en el aspecto que más escasea últimamente. Es la encargada, o la dueña, porque esa es otra cosa que nunca llega a saberse, de una tienda pequeña de bisutería y complementos, y hasta que empieza la crisis le va tan bien que trabaja sólo por las mañanas. Hace tres años tiene que despedir a la chica que atendía por las tardes, pero va tirando. Hasta hace siete meses.

A finales de abril, Marta recibe una carta en la que la Empresa Municipal de la Vivienda le anuncia su intención de poner fin unilateralmente a su contrato de alquiler, que cuenta con una cláusula de prórroga forzosa bianual para rentas que no superen en dos veces y media el salario míni-

1 **Vicálvaro:** Stadtteil im Südosten von Madrid. | 5 **la corrala:** Mietskaserne, typisch für Madrid im 17.–19. Jahrhundert, mit durchgehenden Balkonen in den Innenhöfen. | 10 **escasear:** selten sein. | 11 **llegar a saber algo:** etwas erfahren. | 12 **la bisutería:** Modeschmuck. | **los complementos** (pl.): Accessoires. | 15 **ir tirando** (fam.): durchkommen, über die Runden kommen. | 17 f. **la Empresa Municipal de la Vivienda:** städtische Wohnungsbaugesellschaft. | 19 **unilateralmente:** einseitig. | 20 **la cláusula de prórroga** (f.): Verlängerungsklausel. | **forzoso/a:** zwingend; hier: automatisch. | **bianual:** zweijährig. | 21 **la renta:** Ertrag; Rente; hier: Miete. | 21 f. **el salario mínimo interprofesional:** berufsunabhängiger Mindestlohn.

mo interprofesional y cuyos titulares carezcan de una vivienda en propiedad en la Comunidad de Madrid. Es imposible, piensa, es increíble, no puede ser, pero enseguida comprueba que está equivocada. Al mes siguiente de recibir la carta, el recibo del alquiler no llega a su cuenta del banco. Llama por teléfono y nadie sabe explicárselo, pero cuando intenta ir a pagar en persona, con el dinero en la mano, los funcionarios de la empresa municipal no se lo aceptan. Desde hace seis meses, Marta suma a todos los misterios que la rodean, la misteriosa condición de okupa involuntaria. Mientras tanto, va descubriendo lo que pasa.

– El Ayuntamiento de Madrid le ha vendido esta casa a un fondo buitre, una empresa inmobiliaria que pretende echarme y alquilársela a otro inquilino a precio de mercado. Dicen que la casa es suya, y que la propiedad es un derecho superior al que me otorga mi contrato de alquiler. Y no soy la única, ni mucho menos – les cuenta mientras deposita una bandeja sobre la mesa baja del salón y sirve un café para cada uno –. En este bloque les han llegado esas cartas a todos los vecinos que viven aquí desde hace más de cinco años, pero no vamos a marcharnos. Hemos fundado una asociación, hemos escrito al Defensor del Pueblo y hemos demandado al Ayuntamiento individualmente, uno por uno, para paralizar la venta. Ya se han celebrado dos juicios

1 **el/la titular:** Inhaber(in), Anspruchsberechtigte(r). | 10 **rodear a alg.:** jdn. umgeben. | **la condición:** Eigenschaft. | **el/la okupa:** Hausbesetzer(in). | 16 **otorgar algo a alg.:** jdm. etwas einräumen/erteilen. | 22 **el Defensor del Pueblo / la Defensora del Pueblo:** Bürgerbeauftragte(r), Ombudsmann/-frau. | 23 **demandar a alg.:** jdn. (ver)klagen / vor Gericht bringen (*la demanda,* jur.: Klage). | 24 **celebrar:** hier: stattfinden. | **el juicio:** Gerichtsverfahren.

y hemos ganado los dos. Parece que vamos a ganarlos todos, pero la asociación da mucho trabajo y estoy todo el día liada con abogados, procuradores, y ... Total, que por eso no me entero de nada últimamente.

Al escucharla, los padres de Marcos, los de Pablo, se miran primero dos a dos, luego uno por uno, antes de volverse despacio hacia ella.

– ¿Vosotros creéis ...? – pregunta Marta, con expresión incrédula, y ninguno se atreve a contestar –. Pero ... ¿De verdad creéis que ...?

– Pues sí.

Aquella noche, Alba, la más espabilada, la mejor estudiante de los tres, es la primera en confesar. Y lo hace en voz alta, en un tono tan decidido, tan desafiante en una niña de trece años, que los cinco adultos se dan cuenta al mismo tiempo de que quizás ha sido mala idea celebrar aquella reunión en una pizzería.

– La gasolina es para hacer cócteles molotov. ¿Qué pasa?

– ¡Alba! – le regaña su madre –. De momento, habla más bajo, que esto no es como para contarlo a gritos. Y ya hablaremos luego tú y yo, ya ...

– Déjala hablar, Luisa – interviene su marido –. Sigue – y al ver la cara de su mujer, matiza –. Pero habla bajo.

– Pues eso, que nos pareció muy fácil, lo hemos visto en

3 **el procurador / la procuradora:** Bevollmächtigte(r). | 9 **incrédulo/a:** ungläubig. | 12 **espabilado/a:** aufgeweckt, clever. | 14 **desafiante:** herausfordernd. | 20 **regañar:** schimpfen, ausschimpfen. | 21 **contar** (o>ue) **algo a gritos:** etwas herumposaunen. | 24 **matizar:** schattieren; hier: hinzufügen.

un montón de películas. Estos pringados querían buscarlo en Internet, pero yo les dije que no, porque ahora, con lo de los islamistas, seguro que han quitado los tutoriales del YouTube, y luego, en el historial, se ve la página, y como el control parental ese que habéis puesto no me deja borrarlo ... Yo ya me imaginaba cómo se hacían, pero por si acaso miré en la Espasa de la biblioteca del colegio y allí venía todo muy bien explicado.

– Yo les dije que no hacía falta, mamá – precisa Felipe, y su madre piensa que pretende exculparse, pero enseguida comprueba que no es así –. Les dije que, si era por mí ... Porque Dani ya se ha ido, ¿no? Pues si ahora me tengo que ir yo, porque nos echan y tal, pues ... No sé, me parecía injusto hacerlo por mí y no haberlo hecho por Dani.

– Que no, Felipe – Pablo remata aquella asombrosa confesión con la misma serenidad, la misma pasmosa convicción que sus amigos –, que no, porque cuando lo de Dani no sabíamos cómo se hacían, por eso no pudimos tirarlos en su banco. Pero ahora, como hemos aprendido, pues ...

– Un momento, un momento, un momento ... – Marta se tapa la cara, se la frota varias veces, los mira uno a uno como si no los conociera –. ¿Estáis comprando gasolina para hacer cócteles molotov y tirarlos en mi banco si nos echan? ¿Es eso lo que estáis diciendo?

– Bueno, en el banco no, mamá – vuelve a precisar Feli-

1 **el pringado / la pringada** (fam., pey.): Loser(in), Schwachkopf. | 4 **el historial:** Suchverlauf (am PC). | 6 **por si acaso:** für alle Fälle, vorsichtshalber. | 7 **la Espasa:** nach ihrem Verlag benannte spanische Enzyklopädie. | 13 **y tal:** und so. | 16 **pasmoso/a:** erstaunlich, verblüffend. | 16 f. **la convicción:** Überzeugung.

pe –. En el Ayuntamiento, porque en lo de nuestra casa, el banco no ha tenido nada que ver.

– Pero bueno, ¿por qué nos miráis así? – interviene Pablo –. Desde luego, no entiendo nada ... ¿No os pasáis la vida diciendo que hay que hacer algo, que es increíble que esto no explote, que parece mentira que la gente esté tan parada?

– Eso – concluye Alba –. ¿Y no decís siempre que alguien tiene que empezar? Deberíais estar orgullosos de nosotros, ¿no?

6 f. **estar parado/a:** hier: tatenlos zusehen.

Los niños estaban dentro.

– ¿Qué dices? No puede ser.

– Sí. Por lo visto, él los mandó a jugar a su cuarto, bloqueó la puerta con una cómoda y allí se quedaron. Los policías les oyeron llorar y los sacaron del piso sin que vieran nada. Ahora están en casa de sus abuelos.

Él, cuyo nombre nadie se atreve a pronunciar, era el vecino del segundo izquierda del edificio donde está el bar de Pascual. Los niños son sus hijos. Ella, el pronombre ausente en las conversaciones de la escalera, ausente ya del todo, para siempre, era su mujer, la madre de sus hijos, hasta que su marido la acorraló anoche en un rincón de la cocina, la dejó inconsciente de una paliza y la cosió a puñaladas con el cuchillo más afilado que encontró en un cajón. Luego llamó a la policía. Los agentes derribaron la puerta para encontrarle sentado en una butaca del salón, con la ropa salpicada de sangre y la mirada perdida. Fue entonces cuando oyeron llorar a los niños.

La noticia sacude el barrio entero, edificio por edificio, planta por planta, congelando rostros, expresiones, movimientos, como la lengua de hielo de un glaciar. Mientras su ánimo se reparte entre la incredulidad y la culpa, todos, hombres y mujeres, examinan su memoria, su conciencia.

10 **ausente:** abwesend. | 12 **acorralar a alg.:** jdn. in die Ecke treiben. | 13 **la paliza:** Tracht Prügel. | **coser a puñaladas** (f., pl.) **a alg.:** jdn. mit Messerstichen durchlöchern. | 14 **afilado/a:** geschärft. | 15 **derribar:** (Tür) einschlagen. | 16 **la butaca:** Sessel. | 16 f. **salpicado/a de sangre** (f.): blutbespritzt. | 20 **congelar:** einfrieren; hier: erstarren lassen. | 22 **la incredulidad:** hier: Fassungslosigkeit.

Él era brusco, hipócrita y capaz de hablar con violencia, recuerdan, pero nunca habrían imaginado que llegara hasta este punto. De hecho, ningún vecino ha llegado a oír nunca la banda sonora del terror, gritos, súplicas, el eco sordo de un cuerpo chocando contra los muebles, con las paredes. Sin embargo, todos han escuchado alguna vez palabras agrias, afiladas, expresiones de un desprecio aparentemente trivial, doméstico, no vales para nada, no sé cómo te aguanto, no haces nada bien, eres imbécil, pareces tonta, cómo puedes ser tan inútil …

Esas frases resuenan ahora en sus cabezas como el sonido de unas imágenes aún más elocuentes. La pareja volviendo del supermercado, ella cargada de bolsas, él con las manos en los bolsillos. La pareja parada en la escalera, él haciendo algún reproche, ella callada, los niños agarrados a sus piernas. La pareja en el bar de abajo, él pidiendo una copa, unas tapas, unos refrescos para sus hijos, ella muda hasta que Pascual le preguntaba qué quería tomar y después de contestar que no quería nada, de verdad, muchas gracias.

La vecina del segundo izquierda llevaba camisas de manga larga también en verano, se abrochaba los botones hasta el cuello, usaba un maquillaje muy espeso y no solía sonreír. Algunas madres recuerdan ahora haber visto su sonrisa a veces, siempre cuando estaba en el parque, con los niños,

1 **hipócrita:** scheinheilig. | 3 **de hecho:** tatsächlich. | 4 **la banda sonora:** Begleitmusik. | **la súplica:** Flehen, Betteln. | **el eco sordo:** dumpfes Echo. | 7 **agrio/a:** scharf (Worte). | **desprecio:** Verachtung, Geringschätzung. | 11 **resonar** (o>ue): widerhallen. | 12 **elocuente:** viel sagend. | 14 **el reproche:** Vorwurf (*reprochar:* vorwerfen). | **agarrado/a:** festgeklammert. | 23 **espeso/a:** hier: dick aufgetragen.

pero su rostro se apagaba invariablemente en el portal de su edificio. Allí, su piel se volvía mate, cenicienta, sus ojos se humillaban, y mientras subía por la escalera iba siempre callada, con los hombros encogidos, la barbilla hundida, pegada al cuello, como si estuviera preparada, piensan ahora, para recibir el próximo golpe. Por lo demás, era una persona cortés, educada, que siempre devolvía los saludos, estaba pendiente de una anciana que vivía sola en el mismo descansillo, y se interesaba por el estado de los enfermos de cada casa.

El vecino del segundo izquierda intentaba ser simpático. Era mucho más locuaz, más extrovertido y sociable que su mujer aunque, por más rondas que se empeñara en pagar, nunca había llegado a hacerse amigo de nadie. Ahora entienden por qué, ahora, cuando ya no hay remedio, le recuerdan volviéndose hacia ella en mitad de la conversación más animada, tú te callas, cállate ya, te he dicho que te calles, y recuperando en un instante la sonrisa, el hilo argumental de su apasionado ataque o su cerrada defensa de Cristiano Ronaldo, de Obama, del sueldo de los funcionarios o de lo que tocara.

Ellos estaban allí, lo habían visto, lo habían escuchado y

1 **invariablemente:** unweigerlich. | 2 **mate:** matt. | **cenicienta:** aschgrau. | 4 **con los hombros encogidos:** mit hochgezogenen Schultern (*encogerse de hombros:* die Achseln zucken). | **hundido/a:** versenkt; hier: gesenkt. | 8 f. **el descansillo:** Treppenabsatz; hier: Stockwerk, Etage. | 12 **locuaz:** gesprächig. | 15 **ya no hay remedio** (m.): es hilft alles nichts mehr. | 18 f. **el hilo argumental:** Argumentationslinie. | 19 **la cerrada defensa:** blinde Verteidigung. | 20 **Ronaldo:** Cristiano Ronaldo (geb. 1985), mehrfacher Weltfußballer aus Portugal. | **Obama:** Barack Obama (geb. 1961), erster schwarzer US-Präsident von 2009 bis 2017.

no se habían atrevido a entender. Por eso, ahora, un fleco del mismo terror que durante años ha convertido la vida de su vecina en un infierno, les seca la boca y les estruja el corazón. Porque lo vieron, lo escucharon y al llegar a sus casas se conformaron con comentarlo entre sí, ese tío es un hijo de puta, un canalla, una mala persona, pobre mujer, debería dejarlo, debería marcharse, debería acabar con él de una vez … Eso habían pensado, eso habían dicho, y no habían hecho nada.

Ella intentó hacer algo más. Ahora, cuando ya está muerta, se han enterado. Ahora saben que nunca llegó a denunciarlo por malos tratos pero emprendió un proceso de divorcio, contrató a un abogado, puso una demanda, cambió la cerradura de la puerta, intentó echarle de casa y él la mató. A ella, que era una inútil, que no servía para nada, que le estaba amargando la vida desde el mismo día en que tuvo la negra suerte de conocerla. La mató, la asesinó con un cuchillo de cocina, la dejó desangrarse en un rincón. Y ahora está muerta y todos sus vecinos se sienten cómplices de su asesino por no haberle detenido, por no haberla ayudado, por no haber llamado a un teléfono para denunciarlo.

– Yo lo pensé – se dicen unos a otros en la escalera, en el bar, en el mercado –. Te juro que lo pensé alguna vez, pero como ella nunca se quejaba, como no decía nada, y tampoco … Yo qué sé.

1 **el fleco:** Stirnhaar, Franse; hier: Detail, Einzelheit. | 3f. **estrujar el corazón a alg.:** jdm. das Herz zerreißen. | 5 **conformarse:** sich zufrieden geben. | 5f. **el hijo de puta** (vulg.): Riesenarschloch. | 6 **el/la canalla:** Schurke/-in. | 12 **los malos tratos** (pl.): Misshandlung | 17 **tener** (e>ie) **la negra suerte:** das Riesenpech haben.

Ahora todos dicen lo mismo.

Todos menos Marta, que escucha en silencio, como de costumbre.

Aunque han pasado ya ocho años, recuerda aquella noche como si, siempre y todavía, estuviera condenada a seguir viviéndola.

Cuando calculó que eran las cuatro de la mañana, giró la cabeza muy lentamente para mirar la hora en el despertador. Los números verdes marcaban las 3.58, pero al comprobarlo no hizo ningún movimiento, aún no. Él debía de estar durmiendo, pero ella se fiaba tan poco de su sueño como de su vigilia, así que esperó un poco más, y a las 4.02 le rozó con la mano para que le diera la espalda y dejara de roncar. Sólo entonces, muy despacio, sacó la pierna izquierda de la sábana y la hizo descender hasta que su pie tocó el suelo. Cuando logró levantarse sin hacer ruido, los números ya habían llegado a las 4.11. Todavía avanzarían tres minutos más antes de que lograra escurrirse por la puerta de su dormitorio, que había dejado entreabierta al acostarse.

El día anterior, a la hora de comer, él había llamado para anunciar que no iba a pasar por casa.

– He quedado a cenar con Fernando, ya sabes que está muy deprimido, como se ha muerto su madre ... Y que te quiero mucho, cariño, muchísimo, más que a nada en el mundo, ya lo sabes ... Perdóname, por favor, tienes que perdonarme porque es que me vuelvo loco de cuánto te quiero ...

12 **la vigilia:** Schlaflosigkeit. | **rozar a alg.:** jdn. streifen / leicht berühren. | 13 **roncar:** schnarchen. | 18 **escurrirse:** entwischen, sich davonstehlen. | 19 **entreabierto/a:** halb offen.

Marta ya estaba acostumbrada a esas llamadas, las explosiones de amor que sucedían a las otras, el tono de voz meloso, compungido, que casi la hería tanto como los golpes de la víspera. Siempre era así, siempre igual, porque él no podía volver a casa como si tal cosa, no podía sentarse a cenar con ella, ver la televisión, preguntarle al niño cómo le había ido en el cole, y por eso siempre, el día de después, salía con sus amigos y dejaba pasar veinticuatro horas antes de volver a ser el de antes, el hombre con el que Marta se había casado. Siempre había sido igual, pero aquella vez todo sería distinto.

Lo había pensado centenares de veces, pero siempre había creído que sería incapaz. Y sin embargo, aquel día comprendió que iba a hacerlo, porque él llegaría tarde, borracho, porque era verano y Felipe estaba pasando el mes de julio en la casa que sus padres tenían en la sierra, porque si se ponía un vestido estampado, de tirantes, él podría confundirlo fácilmente con un camisón, porque le bastaría con salir de la habitación y ponerse unas chanclas para echarse a la calle, porque tenía que hacerlo, porque no podía más, porque tenía que irse, porque se iba ... Y se fue.

Había escondido las sandalias debajo del sofá y, entre ellas, una nota en la que le explicaba que había puesto una denuncia contra él por malos tratos y que no le convenía

2 **suceder a:** folgen auf. | 2 f. **meloso/a:** süß, lieblich. | 3 **compungido/a:** zerknirscht. | **herir** (e>ie): weh tun, verletzen. | 4 **la víspera:** Vorabend. | 16 **en la sierra:** in den Bergen. | 17 **estampado/a:** bedruckt (*el estampado:* Druck, Druckmuster). | **el tirante:** Träger. | 18 **el camisón:** Nachthemd. | 19 **las chanclas:** Flip-Flops. | 23 f. **poner una denuncia:** Anzeige erstatten. | 24 **no le conviene:** es nutzt ihm nichts, es ist nicht gut für ihn.

perseguirla. La dejó en la mesa de la cocina confiando en que su marido no lograra localizar la casa de acogida donde iba a refugiarse antes de que la policía le hiciera una visita. Al salir de la comisaría había hecho una maleta con lo más imprescindible y la había llevado hasta su nuevo piso, en la otra punta de la ciudad. Le había parecido una casa pequeña y triste, como las mujeres que vivían en ella, y al conocerlas, la idea de abandonar su piso, que estaba en la mejor zona del ensanche de Vicálvaro, y le había costado tanto dinero, tanto esfuerzo, y era tan bonito, tan moderno, tan alegre, le pareció más triste todavía, aunque no vaciló. Creyó que eso significaba que todo lo demás sería más fácil, pero se equivocaba.

En el último instante, la mano derecha sobre el picaporte de la puerta, se dio la vuelta y contempló la casa que dejaba atrás, los muebles que había escogido uno por uno, las fotos de su hijo, ese retrato tan horroroso que Felipe le había hecho en el colegio hacía sólo unos meses, como regalo del día de la Madre, y que colgaba enmarcado en el vestíbulo, la foto de su boda, los recuerdos de sus viajes, una figurita de Corfú, una caja de cerámica y metal que compraron en un pueblo de Marruecos, una bola de cristal donde nevaba sobre la Torre Eiffel …

Durante un instante pensó que estaba renunciando a su vida, a toda su vida, su memoria, sus aficiones, sus placeres cotidianos. Quizás no vuelva a tener una casa como esta nunca más, quizás no vuelva a ser feliz, quizás esté sola el resto de mi vida. Durante un instante estuvo a punto de

2 **la casa de acogida:** Frauenhaus (*la acogida:* Aufnahme). | 4 f. **lo más imprescindible:** das Allernotwendigste. | 9 **el ensanche:** Neustadt. | 20 **la figurita:** Figürchen, Nippes.

volverse atrás, a punto de echarse a llorar sin hacer ruido, y desandar el camino, y volverse a la cama, y dormir para seguir viviendo como antes, como todos esos días en los que lo único que quería al despertar era morirse.

Entonces, sin previo aviso, unas lágrimas cómplices, mansas y silenciosas, empezaron a caer de sus ojos, y sin pensar bien en lo que hacía, levantó el brazo en un movimiento brusco para limpiárselas.

El dolor fue tan insoportable que unas lágrimas distintas brotaron sobre las que empapaban sus mejillas, y un quejido se confundió con el ruido de la puerta al abrirse.

Antes de darse cuenta, estaba en la calle.

Y esta es la verdad de la vida de Marta.

1 **volverse atrás:** umkehren, zurückgehen. | **echarse a llorar:** in Tränen ausbrechen. | 2 **desandar:** wieder zurückgehen. | 5 **cómplice:** etwa: hilfreich (*el/la cómplice:* Mittäter[in], Komplize/-in). | **manso/a:** still, zahm. | 9 **insoportable:** unerträglich. | 11 **confundirse con:** sich vermischen mit.

Desde que empezó la crisis, diciembre es el mes favorito de Pascual. Aún faltan cinco días para que comience y ya no tiene huecos libres en el cuaderno donde apunta las reservas.

– Lo siento, Roque, como ahora nadie tiene un duro y en vez de ir a restaurantes hacen las fiestas en los bares … Para cenas, está difícil. Sólo tengo dos días libres, el ocho y el quince.

– ¡Joder, Pascual! Pero si son lunes – se queja el agente de una compañía de seguros que el año pasado celebró su cena de empresa en un asador del barrio de Salamanca.

– Ya sé que son lunes, pero es lo que hay, el comedor es tan pequeño que sólo puedo organizar una cena cada noche, yo lo siento más que nadie … – vuelve a pasar las páginas del cuaderno y se le ocurre una alternativa –. Oye, ¿y por qué no hacéis comida? Al mediodía lo tengo mejor.

– Ya, pero como trabajamos por las tardes, tú verás, comer, beber, brindar y luego coger el coche para …

En ese momento, aunque sigue teniendo el móvil pegado a la oreja, Pascual deja de oír la voz de Roque.

– … seguir visitando clientes, pues no tiene gracia, ¿no?, por eso casi es mejor cenar aunque sea un lunes, aunque …

Porque en la pantalla del televisor, Juan Francisco González se enfrenta a una nube de micrófonos y cámaras ante

3 **el hueco:** Loch, Lücke. | 5 **no tener un duro** (fam.): pleite sein (*el duro:* Fünf-Peseten-Münze). | 11 **el asador:** Restaurant mit Grillspezialitäten. | **el barrio de Salamanca:** vornehmes Viertel in Madrid mit bekannten Gourmetrestaurants. | 18 **brindar:** anstoßen. | 19 f. **pegado a la oreja:** dicht am Ohr.

las que declara que no va a hacer declaraciones excepto para negar todas las acusaciones, afirmar su inocencia y reivindicar su intachable trayectoria empresarial.

– … se me acaba de ocurrir otra cosa. ¿Y el domingo siete? Como el ocho es fiesta, casi mejor, ¿no?, pero no, déjalo, porque la gente se irá de puente …

– ¡La hostia! – exclama Pascual por fin.

– ¿Qué? – y tampoco escucha la pregunta de Roque.

Pascual conoció a Juan Francisco González un sábado por la tarde de hace más de veinte años, y desde ese mismo instante le cae gordo. Y el novio de tu hermana, le preguntó a Mari al rato, mientras se despedían en el portal, ¿por qué tiene que tener dos nombres, y no uno, como todo el mundo? Antes de contestar, Mari ya le miró mal. Y yo qué sé, pues porque tiene dos nombres. Es de muy buena familia, ¿sabes?

– ¿Que qué dices, Pascual? – Roque está un poco mosqueado –. La hostia, ¿qué?

– Perdona, Roque, no te lo decía a ti. Tú piénsatelo, coméntalo con los demás y ya …

– Que no, que ya te he dicho que el quince, ¿me oyes? El quince de diciembre, a las nueve de la noche.

– Bueno – y Pascual apunta la fecha en su cuaderno –, pues el quince, muy bien, ya está apuntado, no te preocupes, entrantes para compartir y carne o pescado a elegir de segundo …

2 f. **reivindicar:** wieder herstellen, rehabilitieren. | 3 **intachable:** makellos. | **la trayectoría:** Flugbahn, Geschossbahn; (fig.) Werdegang. | 7 **¡la hostia!** (fam.): Wahnsinn! (*la hostia:* Hostie, Oblate). | 11 **le cae gordo** (fam.): er ist ihm unsympathisch, er kann ihn nicht ausstehen. | 17 f. **estar mosqueado/a:** irrtiert sein. | 25 **el entrante:** Vorspeise.

Si hubiera sido por él, se habrían visto media docena de veces al año, en Nochebuena y en los cumpleaños de los niños, pero a Mari le encanta ir a su casa, y que salgan los cuatro juntos de vez en cuando, y pasar unos días cada verano en su chalé de la Costa del Sol. Aquella afición, fuente de innumerables broncas, ha estado a punto de dar al traste con su propio matrimonio muchas veces. Aproximadamente todos los veranos.

A Pascual le gusta mucho su mujer, le gusta por dentro y le gusta por fuera. Aunque con los años ha engordado lo suyo, Mari sigue pareciéndole muy guapa, y además es graciosa, divertida, leal, cariñosa, pero no es perfecta, claro, nadie lo es. Para desgracia de Pascual, el principal defecto de Mari es su cuñado, la debilidad de reírle todas las gracias, una admiración cegadora que le impide advertir su arrogancia, su engreimiento, y la costumbre de compararle en silencio con él a todas horas mientras se compara a sí misma con su hermana, que se había llamado Maribel toda la vida hasta que el perfecto cretino de su marido decidió que era mucho más fino que se llamara María Isabel.

Pascual es una buena persona, un hombre honrado que trabaja como una mula en su bar, un local con barra, mesas y comedor que abre casi de sol a sol, desde la hora del desayuno hasta la de la cena. Aunque ahora se pegaría una paliza a sí mismo cada vez que se acuerda, no le dio la gana de estu-

5 **el chalé:** Landhaus, Ferienhaus. | **la afición:** hier: Neigung, Vorliebe. | 6 **la bronca:** Zank, Zoff. | 6 f. **dar al traste con algo** (fam.): etwas ruinieren/zerstören. | 14 **reírle las gracias a alg.** (pey.): über jds. Witze lachen (aus Verblendung oder um sich einzuschmeicheln). | 15 **cegador/a:** blind. | **advertir:** bemerken. | 16 **el engreimiento**: Angeberei. | 19 **el cretino / la cretina:** Idiot(in). | 20 **fino/a:** fein, vornehm.

diar, pero así ha logrado salir adelante, sacar adelante a su familia, pagar los estudios de sus hijos, liquidar todas sus deudas y hasta ahorrar un poco. Antes de la crisis pensaba destinar sus reservas a la compra de un chalé en la playa, no tan grande, ni con tanto jardín, ni tan cerca del mar como el de su cuñado, un simple adosado, suficiente sin embargo para satisfacer el más antiguo de los deseos insatisfechos de su mujer, pero no lo ha hecho. Los tiempos no están para casas de veraneo. Esos ahorros le han permitido capear el temporal sin despedir a nadie, sin alargar los turnos ni bajar los sueldos. Tampoco ha podido subirlos, pero sus empleados se dan con un canto en los dientes.

Como tantos españoles, Pascual se ha acostumbrado a la crisis, a comprar lo justo, a no acumular pedidos, a llenar las vitrinas de la barra con las tapas que puede vender, ni una más, y a mimar a sus clientes. Y no le va mal. Cuando logra colgar a Roque y prestar atención al informativo, se da cuenta, incluso, de que le va muy bien, antes de que Mari entre corriendo en el bar con la cara desencajada de angustia.

– ¿Te has enterado?

– Pues no mucho, porque estaba hablando con …

– Le han imputado – y al decirlo se dobla un poco hacia delante, como si esa palabra le abriera un agujero en el estómago –. En un caso de corrupción de esos, no sé qué de

4 **destinar las reservas a algo:** das Ersparte für etwas ausgeben. | 6 **el adosado:** Reihenhaus. | 9 f. **capear el temporal** (fig.): dem Sturm trotzen (*capear:* meiden). | 10 **alargar los turnos:** Arbeitszeiten verlängern. | 12 **darse con un canto en los dientes** (fam.): sich mit etwas zufrieden geben. | 19 **desencajado/a:** verzerrt. | 19 f. **imputar a alg.:** jdn. anklagen.

unas contratas que le dieron a su empresa sin concurso, algo así. Todo el caso tiene una pinta horrorosa, han empapelado a otro empresario, a un joyero, a dos diputados y a un par de políticos más. Ni siquiera me he atrevido a llamar a María Isabel, porque la pobre lo debe de estar pasando … ¡Qué horror! Y los niños, figúrate … Qué espanto.

Pascual abraza a su mujer y comprende que es muy feo celebrar la ruina de su cuñado, pero por más que se esfuerza, no logra sentir piedad por él. Han sido muchos años de gilipolleces, muchos años de ostentación, muchos años de alardes, y de presunción, y de altivez, muchos, demasiados años.

– ¿Y por qué no sacas ya a tus hijos de la Complutense y los llevas de una vez a la universidad privada donde va Cristóbal? Porque te voy a decir una cosa, Pascual, en las privadas está el futuro. ¿No ves que van derechos de la facultad a las mejores empresas? Y eso sin contar con el campus, con los medios, los mejores laboratorios, los mejores ordenadores, todo, lo mejor de todo – Juan Francisco ofreciéndole el último grito en gin-tonics en el porche de su casa de la playa, en bañador pero con el Rolex de oro en la muñeca.

– Pues le he comprado a María Isabel unas perlas buenísi-

1 **el concurso:** hier: Ausschreibung. | 2 **tener pinta** (fam.): aussehen (*la pinta:* Anschein). | 2 f. **empapelar** (fam.): vor Gericht bringen. | 6 **figurarse:** sich vorstellen. | **¡Qué espanto!:** Wie schrecklich! | 9 **la piedad:** Mitleid. | 10 **la gilipollez** (vulg.): Schwachsinn (*el/la gilipollas,* fam.: Vollidiot[in]) | **la ostentación:** Prahlerei. | 11 **el alarde:** Angeberei. | **la presunción:** Protzerei. | **la altivez:** Selbstherrlichkeit. | 13 **la Complutense:** Universidad Complutense de Madrid, öffentliche, staatliche Universität in Madrid. | 20 **el porche:** Veranda. | 21 **la muñeca:** Handgelenk.

mas y muy bien de precio, no creas. Te lo digo por si quieres estirarte y regalarle algo bueno a tu mujer por una vez, pobrecita. El joyero es amigo mío, compañero del partido, un fuera de serie, no veas – Juan Francisco con pantalón mil rayas y un Lacoste blanco, en la cubierta del yate de uno de sus incontables amigos, que se ha ofrecido a darles una vuelta por la bahía.

– A ver si un día me haces caso e inviertes el dinero en vez de guardarlo en un calcetín, Pascual. Te voy a presentar al director de la sucursal con la que trabajo, porque están vendiendo unos productos financieros muy rentables a un interés estupendo. ¿Tú has oído hablar de las participaciones preferentes? – Juan Francisco en la barra de ese restaurante donde hay que reservar con seis meses de antelación y que está a veinticinco kilómetros de su chalé, pero donde merece la pena cenar una vez al año, aunque sólo sea para contarlo en Madrid, a la vuelta.

Y así un año, y otro año, y otro más, y Mari siempre diciendo lo mismo, ¡ay, sí!, ¡ay, qué bien!, ¡ay, muchas gracias!, ¡ay!, pero hazle caso a Juan Francisco, hombre, ¿no ves lo bien que le va en la vida?

– Menos mal que nunca le hiciste caso, Pascual – dice ahora, y su marido la abraza un poco más, pero no abre la boca.

2 **estirarse:** sich strecken; hier: (fig.) sich anstrengen. | 3 **el compañero / la compañera del partido:** Parteifreund(in). | 3 f. **el/la fuera de serie:** außergewöhnlicher Typ. | 4 f. **el pantalón mil rayas:** Nadelstreifenhose. | 5 **Lacoste:** französische Modemarke. | **la cubierta:** Deck. | **el yate:** Jacht. | 6 **incontable:** unzählig. | 9 **el calcetín:** Strumpf. | 12 **el interés:** Zins. | 12 f. **la participación preferente:** Vorzugsaktie.

Así empieza diciembre. Antes de que cumpla una semana, Juan Francisco le llama una noche para preguntarle si le viene bien que se vean un momento al día siguiente. Pascual le dice que sí, que por supuesto, pero al verle entrar por la puerta, ya no sabe qué pensar, porque no sabe quién es el hombre que ha venido a verle.

Por fuera todo es igual. Un abrigo de pelo de camello sobre los hombros, un traje azul, impecable, una corbata con la marca en el estampado, y todo tan bien planchado como el pelo canoso, ondulado sobre su cráneo. Por fuera sí, pero por dentro todo es distinto. Pascual lo percibe en sus ojos extrañamente huidizos, en el temblor de sus labios al saludarle, en la insistencia con la que enrolla y desenrolla entre los dedos una tira de papel desde que se sientan juntos a una mesa.

– ¿Qué quieres tomar?

Primero hace un gesto de desgana universal, como si no le apeteciera ninguna de las cosas de este mundo. Luego pide una cerveza, pero apenas se moja los labios con la espuma.

– Verás, Pascual, yo ... La verdad es que he venido a pedirte un favor.

La cerveza le resulta útil sólo para mirarla, para tocarla, para darle vueltas al vaso sobre la mesa mientras habla sin levantar la vista hacia su interlocutor, que escucha en silencio un discurso ordenado, fluido, tan bien trabado como si

7 **el pelo de camello:** Kamelhaar. | 10 **canoso/a:** graumeliert. | **el cráneo:** Schädel. | 12 **huidizo/a:** ausweichend, scheu. | **el temblor:** Zittern. | 17 **la desgana:** Lustlosigkeit. | 25 **el interlocutor / la interlocutora:** Gesprächspartner(in), Gegenüber. | 26 **fluido/a:** fließend. | **trabado/a:** durchdacht.

su cuñado lo hubiera ensayado minuciosamente ante el espejo, y ni así se cree lo que acaba de oír.

– Pero, tú … – a Pascual se le enreda la lengua dentro de la boca mientras se arrepiente de no haber sido capaz de compadecerse del imbécil que tiene delante –. Pero, hombre, ¿cómo me dices eso? ¿Qué trabajo puedo ofrecerle yo a tu hijo? De encargado no puede empezar sin saber nada del negocio, y además ya tengo a Braulio, que trabaja conmigo desde hace veinte años. Y por lo demás … Aquí, te lo puedes figurar, o servir mesas, o atender la barra, o estar en la cocina haciendo tapas, no hay más trabajo que ese, y un chico como él, con carrera y varios idiomas y …

Su cuñado le mira y no dice nada.

Pascual no necesita contratar a ningún trabajador, pero por su sobrina Andrea, esa chica tan rara que cuando era niña pasaba la mitad de los fines de semana en su casa porque era la mejor amiga de su hija Lucía, haría el esfuerzo de cargar con un sueldo más. Por Andrea sí, pero por el gilipollas de su hermano Cristóbal, que es una mala copia de su padre …

Mientras Pascual piensa en todo esto, Juan Francisco le sigue mirando.

– Bueno, que venga a verme mañana a las ocho en punto, y si le gusta esto, que se quede. En Navidad nunca viene mal un poco de ayuda.

1 **minuciosamente:** bis ins letzte Detail. | 3 **enredarse la lengua a alg.:** sich verhaspeln, ins Stottern kommen. | 4 f. **compadecerse de alg.:** mit jdm. Mitleid haben. | 17 f. **cargar con algo:** etwas auf sich nehmen.

Sofía se entera por Marita, y por un instante las dos vuelven a tener catorce años.

– ¡Está aquí! – su voz brinca en el teléfono como un pez fuera del agua –. Ha vuelto a casa por Navidad, tía, me lo encontré el domingo en el quiosco y casi escuché la musiquilla esa del anuncio del turrón, no me lo podía creer, está igual, tendrías …

– Pero ¿quién?

A él se lo cuenta su hermano Miguel, en la sobremesa de una paella dominguera y familiar, a la sombra de un árbol de Navidad extrañamente mustio, las ramas dobladas por el peso de los adornos, la mitad de las luces fundidas. Mamá lo puso hace tres meses, le susurra su hermana Marisa al sentarse a la mesa, pero no le digas nada porque dice que lo hizo para animarnos a todos …

– Pues la mujer de tu vida lleva casi un año separada, no creas.

– La mujer de mi vida … – él frunce el ceño –. ¿Cuál?

Los dos son la primera pareja del otro. Cuando se conocen aún no han acabado el bachillerato. Él tiene quince años, ella catorce. Los dos son guapos, cada uno en su estilo, un

3 **brincar:** hüpfen, springen. | 6 **el turrón:** spanische Weihnachtsspezialität aus Honig, Nüssen/Mandeln und Ei. | 9 **la sobremesa:** Tischgespräch. | 10 **dominguero/a:** Sonntags…; sonntäglich. | 11 **mustio/a:** welk. | 12 **fundido/a:** flüssig, geschmolzen; hier: durchgebrannt. | 18 **fruncir el ceño:** die Stirn runzeln. | 20 **el bachillerato:** Bachillerato Unificado Polivalente, vor 1990 der Abschluss der Sekundarstufe II am Gymnasium.

tanto brusco él, un pelín cursi ella, de manera que sus excesos se anulan entre sí para crear un perfecto equilibrio. Hacen tan buena pareja como si cada uno de los dos hubiera nacido sólo para enamorarse del otro y desde luego se enamoran, con ese amor apasionadamente radical, radicalmente ingenuo, ingenuamente apasionado de los adolescentes.

Cuando traspasan esa barrera siguen juntos, incluso convencidos de que seguirán estándolo toda su vida. Sin embargo, en el verano de sus veinte años, él se va de viaje por media Europa con dos amigos mientras ella pasa unos días de vacaciones en la casa que los padres de Marita tienen en la costa. Al volver a Madrid, él no la llama. Y al comprobar que no llama, llama ella. Él sólo se pone al tercer intento y quedan en su bar de siempre, donde suena la música de siempre, y el camarero de siempre les pone sus copas de siempre en su mesa de siempre. Allí rompen de una forma más serena que civilizada, porque los dos están de acuerdo.

– Yo no estoy segura de nada – dice ella, cada día un poco menos cursi.

– Yo no puedo más – añade él, cada día un poco más brusco.

Aquella noche sus respectivas madres no pueden dormir, y a la mañana siguiente, en el desayuno, sus hermanos no hablan de otra cosa.

– Estás loca, Sofía – murmura Diana Salgado mientras

1 **un pelín** (fam.): ein klein wenig. | **cursi:** affektiert, kitschig. | 2 **el equilibrio:** Gleichgewicht. | 5 **apasionadamente:** leidenschaftlich. | 6 **ingenuo/a:** naiv, gutgläubig. | 8 **traspasar:** überschreiten. | 17 **romper:** hier: Schluss machen.

deja caer un hilo de aceite de oliva virgen sobre una rebanada de pan tostado.

– Eres tonto, Pedro – censura Marisa Ferreiro, negando con la cabeza al mismo ritmo que unta mantequilla en las dos mitades de un suizo.

– Pero … – Miguel sólo tiene diez años y no recuerda a su hermano sin su novia –. ¿Y yo ya no voy a volver a ver a Sofi nunca más?

La noticia se extiende por el barrio y el asombro, la tristeza, la estupefacción de quienes les conocen van levantando a su alrededor un cerco tan insoportable – ¿pero cómo has hecho eso?, ¿pero tú te has vuelto loca?, ¿pero no te das cuenta de que estáis hechos el uno para el otro? – que los dos tienen a la vez la misma idea. Ella se va a París a terminar la carrera. Él, que la ha terminado ya, se larga a Tarifa y monta un chiringuito de surferos. Después los dos regresan y ella se queda, pero él vuelve a marcharse. Luego se casan y él se separa, ella no. Y van, y vienen, y de vez en cuando, él se acuerda de ella, y ella de él, y ambos imaginan cómo habría sido su vida si hubieran acatado aquel misterioso mandato del destino que parecía empeñado en unirles para siempre. Los dos se arrepienten alguna vez de haberlo dejado tan pronto, pero olvidan igual de deprisa ese arrepentimiento.

1 **el hilo:** Faden. | **el aceite de oliva virgen:** kaltgepresstes Olivenöl. | 1 f. **la rebanada:** Scheibe. | 3 **censurar (a alg.):** jdn. rügen/kritisieren. | 4 **untar:** bestreichen. | 5 **el (bollo) suizo:** typisch madrilenisches Hefegebäck; Brioche. | 10 **la estupefacción:** Bestürzung. | **levantar algo:** etwas aufstellen/errichten. | 11 **el cerco:** Belagerung, Einkreisung. | 15 **Tarifa:** Stadt an der Meerenge von Gibraltar. | 16 **el surfero / la surfera:** Surfer(in). | 20 **acatar:** befolgen. | 20 f. **el mandato del destino:** Auftrag des Schicksals.

Ahora están aquí, los dos libres a la vez y otra vez en su barrio.

Los amigos de entonces, la hermana de ella, la madre de él, se han puesto tan pesados que al final quedan a tomar una caña en el bar de Pascual, que para ellos sigue siendo y nunca será otra cosa que el de siempre.

Se reconocen a la primera, sin vacilar, porque ninguno de los dos ha cambiado mucho. Pedro tiene treinta y ocho años, el pelo desordenado, algunas canas, una perpetua barba de tres días, la piel bronceada y el cuerpo flexible por el ejercicio diario. Sofía tiene treinta y siete y se ha cuidado bastante, va a todas partes andando y al gimnasio tres veces por semana, conserva la misma melena castaña y nunca se pinta, así que de entrada parece la misma, pero no lo es. Hace mucho tiempo que dejó de ser cursi, y vista de cerca, tiene algunas arrugas en las comisuras de los párpados, de reírse todo lo que puede.

Al encontrarse, ambos deciden que su primer amor sigue siendo una persona atractiva. Y al besarse, hasta se emocionan un poco. Después, mientras se miran despacio, sienten a la vez que les fallan los pies, como si empezaran a balancearse en el borde de un abismo, pero al final todo sale bien.

Cuando empiezan a hablar, resulta que él nunca ha ejercido la carrera y ella aprobó una oposición hace casi quince años.

9 **perpetuo/a:** ewig. | 12 **ir andando:** zu Fuß gehen, laufen. | 16 **la comisura de los párpados:** Augenwinkel. | 21 **les fallan los pies** (fig.): sie bekommen weiche Knie. | 21 f. **balancearse:** taumeln. | 22 **en el borde de un abismo:** am Rande eines Abgrunds. | 23 f. **ejercer la carrera:** den erlernten Beruf ausüben. | 24 **aprobar** (o > ue) **la oposición:** die Aufnahmeprüfung / das Auswahlverfahren für den öffentlichen Dienst bestehen.

– Pues ya tuviste que empollar, qué barbaridad, si no habría pasado ni un año desde que acabaste la carrera.

– Uno y medio, pero tuve mucha suerte.

Él no ha tenido hijos, ella tiene uno.

– Pues sí, es un coñazo, no te digo que no, pero también me da alegrías y, sobre todo, vida. Si mi marido no se hubiera cerrado en banda, me habría gustado tener más, por lo menos otro, ¿sabes?

– Ya.

Ella pide una cerveza sin alcohol y él nunca ha podido entender que la gente beba eso. Lo que ella no entiende es que él nunca vaya a votar.

– ¿Y sigues viviendo aquí, en el barrio?

– Sí, estoy encantada.

– Yo no podría.

– ¿No? – y ella le mira como si no le conociera –, pues a mí no me gusta el campo.

– ¿En serio? – y él la mira a su vez como si la acabara de conocer –. Pues no sabes lo que te pierdes.

Durante un rato, ninguno de los dos dice nada. Echan un vistazo al resto de los parroquianos, miran el móvil, ella estudia sus uñas, él se rasca la cabeza y, al fin, reacciona.

– Por cierto, ¿quieres otra? – es todo lo que se le ocurre decir.

– No, me voy a ir ya, que tengo que hacer la comida.

– Ya, yo también tengo prisa, pero déjame que te invite.

– No.

1 **empollar** (fam.): büffeln. | 5 **el coñazo** (fam.): Nervensäge. | 7 **cerrarse** (e>ie) **en banda** (fig.): stur sein, auf seiner Meinung beharren. | 21 **el parroquiano / la parroquiana:** Stammgast, Stammkunde/-in. | 22 **rascarse:** sich kratzen.

– Sí.

– Que no, de verdad.

– Que sí, que me apetece mucho volver a pagarte una caña, aunque sea de mentira …

Entonces Sofía sonríe. Pedro también. Se despiden, se besan, y cada uno se va en dirección contraria con la misma cara de alivio.

Él, incluso, corre un poco.

Ella se limita a andar deprisa hasta que llega a la esquina. Luego se mira en un escaparate, se arregla un poco el pelo y atraviesa despacio la fachada de Soluciones Inmobiliarias Prisma.

El hombre de la garita la mira, ella le mira, él la sigue mirando y Sofía Salgado se va a su casa sonriendo, tan contenta.

4 **de mentira:** nicht wirklich, unecht. | 7 **el alivio:** Erleichterung.

Cuando la inspectora Raquel Fernández le da la espalda para abrir la puerta de su casa, el agente Miguel Ferreiro está a punto de salir corriendo.

Aunque luego le va a parecer mentira, la verdad es que llega a pensarlo, a calcular los metros que le separan del ascensor, incluso a decidir que sería mejor bajar por las escaleras, saltarlas de tres en tres hasta ganar la calle sin aliento, las piernas temblando, el cuerpo tan sudoroso como si acabara de escapar de un incendio en lugar de huir de la mujer más atractiva con la que ha ligado en su vida. Si no escapa, no es por falta de ganas, sino porque su imaginación le empuja hasta el minuto siguiente, y alcanza a verse plantado en la acera, con el cuello de la camisa desabrochado, el nudo de la corbata flojo y una cara de imbécil aún más penosa que la certeza de haber perdido el empleo, porque no habría traslado en el mundo capaz de arreglar aquello. Si el agente Ferreiro sale corriendo en este momento, no podrá volver a poner el pie en una comisaría nunca más, y lo sabe.

Por fortuna, ella le invita a entrar como si no se hubiera dado cuenta de nada. Él intenta darse ánimos, piensa en lo mal que está el trabajo y, más que nada, en la cara que sus compañeros, simples agentes de la Policía Nacional, tan

1 **el inspector / la inspectora (de policia):** Polizeiinspektor(in). | 2 **el agente:** hier: Streifenpolizist. | 7 **ganar la calle:** auf die Straße gelangen. | 7 f. **sin aliento** (m.): atemlos. | 12 **empujar a alg.:** jdn. stoßen; hier: (fig.) jdn. antreiben. | 13 **plantar a alg.:** jdn. stehen lassen, versetzen. | 13 f. **desabrochar:** aufknöpfen. | 14 **flojo/a:** lose, lasch. | 16 **el traslado:** Versetzung. | 21 **darse ánimos** (m. pl.): sich Mut machen.

insignificantes como él, han puesto al verle salir del bar de Pascual con *el Cuerpo*, la inspectora Fernández, toda una leyenda sexual de cuya vida privada, hasta entonces, nadie ha sabido nunca nada con certeza, aunque diversos rumores la han ido relacionando sucesivamente con un futbolista de Primera División, con un fiscal, con un director general y hasta con un ministro.

¿Por qué yo?, se pregunta Miguel entonces. ¿Por qué, si en la cena de Navidad de la comisaría del barrio había varios policías de civil altos, atléticos, de esos que salen en las películas, y un par de esos otros que aún acaparan más las pantallas de los cines, tipos inteligentes, vividores, irónicos y solitarios, adictos al whisky y a la intensidad de los ademanes? ¿Por qué un simple agente, si por allí había hasta algún pájaro vestido de Armani, de esos cuyas simples corbatas son ya incompatibles con su nivel de ingresos? Pues porque ella ha querido, ni más ni menos. Ella le elige entre todos, y él, al principio, cree que se trata de otra cosa.

– Podrías sacarme a bailar, Ferreiro – le dice, balanceando entre los dedos la copa de cava que está a punto de apurar –, ¿no?

– Claro.

Cuando la coge por la cintura espera una confidencia, mira aquí, mira allí, ¿puedo confiar en ti?, tienes que ayu-

1 **insignificante:** unbedeutend. | 5 **sucesivamente:** der Reihe nach. | 6 **la Primera División:** die höchste spanische Fußballliga. | **el/la fiscal:** Staatsanwalt/-anwältin. | 10 **el/la policía de civil:** Zivilbeamter/-beamtin. | 12 **el vividor / la vividora:** Lebenskünstler(in), Glücksritter. | 13 **adicto/a:** süchtig. | 15 **el pájaro** (fam.): hier: (schräger) Vogel. | **Armani:** teuere italienische Modemarke. | 16 **incompatible:** unvereinbar. | 20 **apurar (una bebida):** (Getränk) hinunterschütten. | 23 **la confidencia:** vertrauliche Mitteilung.

darme, qué sabes tú del caso tal o cual, quiero que te acerques a Fulanito y le digas esto, o lo otro, y luego vienes y me lo cuentas …

Eso espera, no que se pegue a él y apoye la cabeza en su hombro como si fuera una mujer normal y corriente, del montón, el tipo de mujeres con las que él sabe desenvolverse. ¿Y qué hago yo ahora?, se pregunta desde entonces, porque Fernández está pulverizando todos los guiones de todas las películas que ha visto en su vida, y él no sólo parece un pobre poli de uniforme. Él es un pobre poli uniformado, treinta y dos años, un metro setenta y cinco centímetros, setenta y un kilos, bien, porque mal no está, y muy guapo de cara según su madre, pero nada más. La inspectora Fernández le saca bastante de todo menos de kilos, y sin embargo, ahí está él, en el piso de un superior, una superiora mejor dicho, a punto de pasar a mayores. ¿Y qué hago yo ahora?

Ella tira el abrigo encima del sofá, enciende un par de luces indirectas, pone música y se quita los zapatos.

¡Anda!, dice él para sí mismo, cuando vuelve a abrazarla y se da cuenta de que puede mirarla desde arriba y no desde abajo, como hasta aquel momento. ¿Pero qué clase de tacones lleva esta mujer?

Aquel detalle le infunde confianza, aunque no tanta co-

2 **el fulanito / la fulanita** (dim.): Herr/Frau X, Herr/Frau Soundso. | 6 **(una mujer) del montón:** Durchschnittsfrau. | 6f. **desenvolverse** (o>ue) **con alg.:** mit jdm. umgehen können. | 8 **pulverizar algo:** etwas vernichten/pulverisieren. | **el guión:** Drehbuch. | 10 **el poli** (fam.): kleiner Polizist, Schupo. | 14 **sacar bastante de todo a alg.:** jdm. in allem überlegen sein. | 16 **pasar a mayores:** aufs Ganze gehen. | 22f. **el tacón:** Absatz. | 24 **infundir confianza a alg.:** jdm. Mut machen.

mo la que obtiene cuando ella se quita la blusa, se desembaraza del sujetador y aprieta contra él un torso insospechado.

¡Anda!, aunque en el primer momento está a punto de gritar de asombro, ¿pero qué clase de *wonderbra* lleva esta mujer?

Luego son las medias, que llevan un refuerzo elástico tan fuerte como una faja de las de antes, y que al desaparecer revelan, mira por dónde, que *el Cuerpo* tiene tripita. Al agente Ferreiro no le importa, primero porque le gustan las mujeres con tripita y, después, porque, definitivamente, la inspectora Fernández, sin medias, sin *wonderbra* y sin tacones, sigue teniendo un cuerpo como para chillar de lo buena que está, una mujer espectacular, la más atractiva que se ha ligado en su vida.

– Tengo que contarte una cosa, Ferreiro – ronronea en su oreja en el último momento, y él piensa, no, por favor, ahora no, ahora que ya me he creído que te gusto, ahora que no tengo ningún motivo para salir corriendo, no me vengas ahora con que sospechas de Fulanito –. Yo tengo un hijo, ¿sabes?, de tres años, y ... Bueno, es maravilloso, pero la cesárea me dejó una cicatriz que da miedo.

– ¿Sí? – y mientras sonríe, lo comprende todo, y sobre todo, por qué Fernández es inspectora, y él, un pobre poli uniformado –. Seguro que es preciosa.

– No.

– Sí ... Ya te digo yo que sí.

1f. **desembarazarse de algo:** sich einer Sache entledigen. | 2 **el torso:** Oberkörper. | **insospechado/a:** unvermutet. | 4 **el wonderbra** (ingl.): Push-up-BH. | 6 **el refuerzo elástico:** elastisches Gummiband. | 7 **la faja:** Mieder. | 8 **mira por donde** (fam.): da schau her. | **la tripita** (dim.): Bäuchlein. | 12 **chillar:** laut aufschreien. | 15 **ronronear:** schnurren. | 24 **precioso/a:** wunderschön.

Las chinas cruzan la calle en fila india, llegan hasta la peluquería, llaman al timbre.

– ¡Amalia! – la aprendiza sube corriendo la media docena de escalones que separan las dos alturas del local –. ¡Amalia! – grita el nombre de su jefa para imponerse al ruido de secador de mano –. ¡Amalia! – vuelve a decir cuando llega a su lado.

– ¿Qué? ¿Qué? ¿Qué? – responde su jefa –. ¿Es el fin del mundo, Lorena?

– Casi. Hay tres chinas abajo, de las de enfrente – y hace una pausa, como si necesitara masticar bien las palabras que acaba de decir para poder creérselas –. Dicen que vienen a peinarse.

Hoy, Amalia está de buen humor. Es 23 de diciembre y ayer no le tocó la lotería, pero tiene el local lleno. Las cuatro amigas que antes venían una vez a la semana han llegado juntas, y todas van a hacerse algo especial, Marita y María tinte y mechas, Sofía, corte y vegetal, Begoña, que siempre tiene que ser la que más, tinte, mechas, corte y preparación para el moño alto que Amalia va a hacerle mañana por la mañana.

– ¿Y tu hermana? – le pregunta a Sofía al verla entrar –. ¿No va a venir?

– Mi hermana …

Está a punto de contarle la verdad, que hace un par de

5 **imponerse a algo:** sich gegen etwas behaupten. | 11 **masticar:** (zer)kauen. | 15 **tocar la lotería:** im Lotto gewinnen. | 18 **el corte:** (Haar-) Schnitt. | 20 **el moño alto:** hochgesteckte Frisur, hoher Dutt.

días a Diana le dio un ataque de nervios y decidió teñirse ella sola, en el cuarto de baño de su casa, porque a Pepe le han recortado el sueldo un diez por ciento y corren rumores de que van a cerrar el Centro de Salud donde trabaja. Pero opta por mentir, porque está segura de que el acceso de austeridad de su hermana es transitorio, de que volverá a la peluquería antes o después, y Amalia es muy capaz de contarle que ya está enterada de todo, y Diana aún más capaz de enfadarse con ella, por bocazas.

– Es que está muy liada, con la cena de mañana y eso, y no sé cuándo podrá venir – para distraerla, avanza hacia la enorme caja de cartón que se adivina tras la puerta del ropero –. Por cierto, que he traído seis kilos de legumbres, dos de garbanzos, dos de lentejas, uno de judías blancas y otro de judías pintas, para que no te quejes. Voy a dejarlos … ¡Hala!, pero si ya tienes la caja casi llena.

Esa es otra de las razones del buen humor de Amalia.

Hace menos de un mes, Marita le cuenta que en el barrio se ha creado una asociación que se llama Vecinos contra la Crisis.

– Empezamos cuando el Ayuntamiento intentó desalojar a los inquilinos del bloque de viviendas sociales que está donde la vieja corrala, ¿sabes cuál es? Somos varios abogados, el marido de mi amiga María, yo y tres más, todos

1 **el ataque de nervios** (m. pl.): Nervenzusammenbruch. | 3 f. **el rumor:** Gerücht. | 5 f. **el acceso de austeridad** (f.): Sparanfall. | 6 **transitorio/a:** vorübergehend. | 9 **por bocazas** (fam.): etwa: weil sie eine Klatschtante ist (*el/la bocazas:* Großmaul). | 12 **adivinarse:** sich erahnen lassen. | 12 f. **el ropero:** Kleiderschrank. | 13 **la legumbre:** Hülsenfrucht. | 14 **el garbanzo:** Kichererbse. | 15 **la judía pinta:** Feuerbohne.

de por aquí, y como hemos ido ganando las demandas que hemos puesto, nos hemos embalado y … Trabajamos todos gratis, ¿eh?, no te vayas a creer, que tú eres muy mal pensada.

– ¿Yo? – protesta Amalia –, pero si no he dicho ni mu.

– Bueno, por si las moscas. El caso es que tenemos previsto hacer grandes cosas, no siempre legales, aunque … En fin, ya te enterarás por los telediarios. Pero, de momento, estamos organizando una recogida extraordinaria de alimentos en Navidad, a través de comercios colaboradores, y se me ha ocurrido … ¿A ti te importaría que pusiéramos una caja en el ropero para que tus clientas colaboren? Con que cada una traiga un kilo de comida no perecedera cada vez que viene a peinarse, la llenaríamos seguro.

Amalia la escucha sin interrumpirla, y no le dice que no, pero tampoco que va a ser un fracaso. Todas sus clientas tienen algo de lo que quejarse, todas han reducido de una forma u otra el coste de sus facturas, así que los primeros días ella misma se escapa un momento para comprar un par de kilos de arroz, de harina o de macarrones, y algunas latas de conserva, para que la caja, un cubo perfecto que mide un metro y medio de alto, no se vea tan vacía. Hoy también lo ha hecho, aunque ya no hace falta. La mayoría de sus clientas han respondido mucho mejor de lo que pensaba, y de las que se hacen las distraídas, ya se encarga ella.

2 **embalarse:** sich hinreißen lassen. | 5 **no decir ni mu** (fam.): kein Wörtchen / gar nichts sagen. | 6 **por si las moscas** (fam.): sicher ist sicher, für alle Fälle. | 9 **la recogida extraordinaria:** Sondersammlung. | 12 **colaborar:** zusammenarbeiten, mitwirken. | 13 **perecedero/a:** verderblich. | 18 **la factura:** Rechnung, Quittung. | 25 **hacerse el distraído / la distraída:** sich dumm/unwissend stellen.

– ¿Cuánto me quedo para la caja? – pregunta mientras cobra detrás de la otra, que sigue siendo la registradora de la peluquería –. Dos euros, ¿por ejemplo?

– ¿Para qué caja? No te entiendo, Amalia.

– Para la de la comida – y en ese momento levanta la voz –. Como se te ha vuelto a olvidar traerla, me quedo con dos euros y nosotras compramos algo por ti, para que no te molestes – y la levanta un poco más –. Porque no me dirás que no quieres colaborar en esto, ¿verdad? Chica, la gente está pasándolo mal – y un poco más todavía –. Esto es para familias necesitadas del barrio, todos tenemos que ser solidarios, ¿tú no?

– ¿Yo? – y la clienta de turno, roja como un tomate, protesta mientras se hace la ofendida –. Claro, por supuesto que quiero colaborar, ¿qué te has creído?

– Pues eso. Mira, en el súper de aquí al lado hay ahora una oferta buenísima. Tienen seis cartones de leche a 3,15. Me quedo con tres euros y te pongo yo los céntimos, ¿vale?

Así, y con las aportaciones constantes de varias señoras mayores que todas las semanas llegan con una bolsa que pesa más que ellas, ha conseguido llenar la caja.

– Ande, jefa, que usted también … – se escandaliza Lorena de vez en cuando –. ¡Vaya morro que tiene!

– Pues sí, pero ¿qué quieres? A ellas les sobra, y a muchos

2 **el registrador / la registradora:** Kassier(in). | 7 f. **para que no te molestes:** damit du keine Umstände hast. | 13 **de turno:** jeweilige(r). | 14 **hacerse el ofendido / la ofendida:** beleidigt tun. | 19 **la aportación:** Beitrag. | 22 **escandalizarse:** sich empören. | 23 **¡Vaya morro** (m.) **que tiene!** (fam.): Ganz schön dreist! (*tener morro,* fam.: frech/unverschämt sein). | 24 **a ellas les sobra:** sie haben mehr als genug / zu viel (*de sobra:* mehr als genug, reichlich).

les falta, así que … Esta, por poner seis euros en un mes, no se va a arruinar.

– ¡Ah! ¿Pero es que piensa volver a hacérselo?

– Anda, claro. Dentro de un par de semanas, cuando se le haya olvidado lo de hoy.

Amalia sabe que tiene mucho morro, pero le importa más que la caja se llene. Y le conmueve tanto la solidaridad de las abuelas, las más pobres de todas, las más generosas a su vez, que no soporta a las que se hacen las suecas. Si fuera por ella, les sacaría el doble sin el menor cargo de conciencia, pero no se atreve porque no quiere perderlas como clientas. El empujón de esta semana ha engordado por igual las dos cajas de la peluquería, y por eso va tan contenta al encuentro de las chinas que acaban de cruzar la calle.

– Buenas – dice la más lanzada, levantando la mano en el aire para saludar como un piel roja –. Nosotras de enfrente.

– Ya, ya … Si os conozco – pero se da cuenta de que eso no es verdad del todo.

Porque de cerca no se parecen tanto. Las tres visten de blanco y calzan zapatillas del mismo color, las tres son muy delgadas, las tres tienen la piel muy fina y el pelo muy negro, cortado a lo paje, pero la que ha hablado parece la mayor. Aunque resulta difícil asignarle una edad concreta, Amalia calcula que tendrá algo más de treinta años. Las otras son más jóvenes, la primera casi una niña, la segunda, la más guapa de las tres.

– Queremos peinar, ¿sí? – dice la que habla, moviendo

7 **conmover** (o>ue) **a alg.:** jdn. rühren. | 9 **hacerse el sueco** (fam.): sich ahnungslos stellen. | 10 f. **el cargo de conciencia** (f.): Gewissensbisse. | 12 **el empujón:** Stoß; hier: Ansturm. | 15 **lanzado/a:** mutig, entschlossen. | 22 **(el peinado) a lo paje:** Pagenkopf.

las manos alrededor de su cabeza, las uñas largas, impecables, cada una con un adorno distinto, como si sus dedos fueran un muestrario ambulante que de repente se detiene y marca un número –. Ocho.

– ¿Queréis venir a las ocho? – Amalia niega con la cabeza –. No, lo siento, cerramos a las siete – las tres chinas se echan a reír pero de nuevo habla sólo una.

– No, no. Nosotras son ocho.

– ¡Ah! – Amalia se ríe con ellas –. Perdona, no te había entendido. Que vais a venir ocho, ¿no?

– Sí, una tiene boda, siete vamos boda, ¿sí?

– Claro … – Amalia se acerca al mostrador, coge la agenda de las citas –. ¿Y cuándo es la boda?

– Mañana no – la uña del pulgar está esmaltada en rosa con un corazón de brillantitos pegado en la punta –, el otro – la uña del índice es de un tono malva nacarado, con una margarita diminuta pintada en el centro –, viernes – la uña del corazón está pintada a rayas doradas y rojas –, veinticinco.

– El … – Amalia mira la agenda para ganar tiempo, aunque conoce de sobra la fecha que su interlocutora ha marcado con los dedos –. ¿El veinticinco de diciembre? Pero si es … – Navidad, va a decir, aunque se da cuenta a tiempo de que eso no significa nada para ellas –. ¡Claro, coño, si sois chinas!

1 f. **impecable:** tadellos. | 3 **el muestrario ambulante:** wandelnder Schaukasten. | 14 **el pulgar:** Daumen. | **esmaltado/a:** lackiert. | 15 **el brillantito** (dim.): kleiner Brillant; hier: Strasssteinchen. | 16 **el (dedo) índice:** Zeigefinger. | **malva:** malvenfarbig, blasslila. | **nacarado/a:** perlmuttfarben. | 16 f. **la margarita:** Gänseblümchen. | 18 **el (dedo) corazón:** Mittelfinger. | 23 **¡Coño!** (vulg.): Scheiße! (*el coño*, vulg.: Möse, Fotze).

– Sí. Nosotras cierran tienda en año sólo mayo uno, diciembre veinticuatro tarde y veinticinco. Por eso, veinticinco boda.

– Ya … – Amalia hace una pausa, mira a su alrededor y ve un único gesto de terror en los rostros de sus tres empleadas –. ¿Y qué os queréis hacer?

– Siete peinar normal, novia especial.

– ¿Especial? – la peluquera se para a pensar –. Pero especial, ¿qué? ¿Un moño?

La china habladora se encoge de hombros porque no entiende la palabra. Amalia señala algunas fotos de las que decoran la pared para explicarle lo que es un moño, pero ella vuelve a encogerse de hombros.

– Tú venir – dice solamente –. Tú ver novia, hablar novia, ¿sí?

Cuando vuelve de MANICURA SHANGHAI, la dueña de la peluquería parece otra.

Ahora, después de tantos meses de espionaje con la nariz pegada al escaparate, por fin podría denunciar al rey de la manicura esmaltada a ocho euros. En veinte minutos se ha enterado de todo lo que intentó averiguar en vano en varias oficinas municipales, pero aunque al volver anuncia que va a la cocina – un simple cuarto interior con una nevera, un microondas y una mesa para comer – a llamar por teléfono, no marca el número de la policía, sino el de su madre.

– Mamá, soy yo, mira, verás, es que me ha surgido un

5 **el gesto de terror:** etwa: panischer Gesichtsausdruck. | 18 **el espionaje:** Spionage. | 21 **en vano:** vergeblich, umsonst. | 26 f. **me ha surgido un contratiempo:** mir ist etwas dazwischenkommen (*el contratiempo:* Zwischenfall, Unannehmlichkeit).

contratiempo, un lío de trabajo y mañana voy a tener que salir muy tarde de aquí …

Luego, a su hija.

– Hola, cariño, soy tu madre, verás, es que había quedado con la abuela en llevar yo el marisco de la cena de mañana, pero no voy a poder ir a recogerlo porque voy a tener mucho lío hasta media hora antes de la cena, ¿sabes?

Luego al pescadero.

– ¿Salva? Soy Amalia, hola, sí, feliz Navidad … Ya, igualmente, oye, ¿qué vas a tener mañana de marisco? Ya, de todo, pero dime los precios y te lo encargo, y mando a Estefanía a recogerlo a primera hora de la mañana. Tú conoces a mi hija, ¿no?

Y por fin a su novio.

– Hola, cielo, ¿qué haces? No, lo digo por si esta tarde puedes hacerme un favor … Pues nada, comprar el turrón para llevarlo mañana a casa de mi madre. Iba a ir yo, pero … Bueno, luego te lo cuento. Pues del duro, del blando, de chocolate … Sí, puedes ir mañana, pero a ver si se va a acabar … Vale, luego en casa hacemos la lista, un beso.

La novia lleva la melena recogida y escondida dentro de la bata, porque su jefe prohíbe que ninguna de las chicas se distinga de las demás. El novio, recién llegado del Shanghái verdadero, está con ella, mirándola como si no existiera otra mujer en el mundo. Ahora pueden estar juntos un rato en la trastienda, ella sentada en las rodillas de él, los dos hacien-

9 **Salva** (m.): Salvador. | 15 **el cielo** (fam.): hier: Schatz. | 21 **la melena:** lange Haare, Mähne. | 26 **la trastienda:** Hinterraum, Hinterzimmer. | 26 f. **hacer manitas** (f. pl.): Händchen halten.

do manitas, porque la encargada ha salido al banco y a tomar café, y él no empieza a trabajar hasta el día 26, en un restaurante cuyo propietario es también el dueño de la cadena de locales de manicura que ha bautizado con el nombre de su ciudad natal.

Allí van a celebrar el simulacro de su boda, una fiesta sin ceremonia, porque en realidad se casaron por poderes hace un año, cuando él estaba en China todavía. Pero se lo toman muy en serio. Hasta el día de Navidad, ella no dejará libre su cama en el dormitorio que ha compartido hasta ahora en uno de los pisos para trabajadoras solteras que su jefe tiene en Carabanchel. Hasta esa noche, no se instalará con su marido en Cuatro Vientos, en otro piso, también de su jefe, para parejas de trabajadores, porque la empresa no consiente que sus empleados escojan su propia vivienda. El precio de la habitación doble equivale a la totalidad del sueldo de ella, pero a las once y pico de la noche, después de cerrar y recoger la tienda, podrá ir a cenar a la cocina del restaurante donde trabaja su marido.

Tengo mucha suerte, le cuenta a Amalia.

Ha tenido mucha suerte, confirman las demás.

La quiero mucho, dice el novio en chino, y su futura mujer lo traduce al español sin tiempos verbales, perpetuo telegrama infinito, en el que hablan todas, y añade que ella le quiere mucho más.

6 **el simulacro:** Trugbild; hier: Nachstellung, Imitation. | 7 **casarse por poderes:** sich per Vollmacht trauen lassen. | 12 **Carabanchel:** Arbeiterviertel am Stadtrand von Madrid. | 13 **Cuatro Vientos:** Stadtviertel neben Carabanchel. | 14 f. **consentir** (e > ie): zulassen, gestatten. | 23 **el tiempo verbal:** Zeitform, Tempus. | **perpetuo/a:** fortwährend.

Sentada en la trastienda, frente a ellos, Amalia mira al novio, a la novia, a las damas de honor.

– ¿Y qué presupuesto tenéis para la peluquería?

Al decirlo se avergüenza un poco de sí misma, pero podría habérselo ahorrado porque las chinas no entienden lo que ha dicho.

– ¿Cuánto os queréis gastar? – pregunta, frotando la yema del pulgar contra la del índice, para que una colección de sonrisas florezca a su alrededor.

La novia habla en chino con el novio. Él sonríe y se saca del bolsillo un rollo de billetes de cincuenta euros muy usados, sujetos con una goma, que exhibe ante Amalia con una expresión de orgullo casi desafiante.

– No – ella responde sin pensar en lo que dice –, no. Es mucho.

La novia vuelve a traducir, el chino insiste, Amalia sigue negándose a pensar, no quiere calcular cuánto tiempo habrá tardado ese chico tan joven, tan sonriente, tan orgulloso, en reunir el dinero que tiene en la mano, qué habrá tenido que hacer para conseguirlo, cuántas horas de sueño, cuántos días de ayuno, cuántas ropas viejas, y zapatos destrozados, y lágrimas, y rabia, y desesperación le habrá costado. Por eso se limita a sonreír, vuelve a negar con la cabeza y descubre al mismo tiempo en qué consiste una verdadera

2 **la dama de honor:** Brautjungfer. | 3 **el presupuesto:** Budget. | 4 **avergonzarse** (o>üe): sich schämen. | 7 f. **frotar la yema del pulgar contra la del índice:** die Fingerkuppe des Daumens gegen den Zeigefinger reiben (um Geld anzudeuten). | 9 **florecer:** aufblühen. | 12 **sujetar:** zusammenhalten; feststecken. | **la goma:** Gummiband. | **exhibir:** vorzeigen, ausstellen. | 21 **el ayuno:** Fasten.

crisis y cómo es posible mejorar el precio de la manicura permanente a ocho euros.

– No os preocupéis – resume luego para sus empleadas –. Lo voy a hacer yo sola. Mañana voy a abrir a las ocho y media y espero que a las diez me haya dado tiempo a hacer a tres. Es poca cosa, lavar, secador de mano y, si acaso, les pintaré unas mechas de colores con rotulador, de esas que se van con el siguiente lavado. Si entre todas podemos meter a dos más antes de las cuatro de la tarde, lavarlas por lo menos, vosotras os vais y yo hago luego a las dos que faltan. Y el día de Navidad, a las once de la mañana, vengo y le hago el moño a la novia.

– Pero … – Marisol, que lleva mucho tiempo trabajando con ella, la mira como si estuviera loca –. No lo entiendo. ¿Por qué vas a hacer eso? ¿Qué ha pasado ahí enfrente?

– Nada – Amalia sabe que nunca será capaz de explicarlo con palabras y ni siquiera lo intenta –, la vida, que es maravillosa, ¿no? Y una puta mierda, eso además.

Ninguna de sus tres empleadas se atreve a comentar esa frase, pero el día de Nochebuena, a las ocho y media de la mañana, Amalia se encuentra con Lorena esperándola en la puerta.

– Total … – explica, como quitándose importancia –. En mi casa, todo lo hace mi madre, y no va usted a ponerse a lavar cabezas a estas alturas, ¿no?

El día de Navidad, a la una y cuarto de la tarde, Amalia le da un espejo a la novia para que vea lo bonito que le

7 **el rotulador:** Filzstift; hier: Haarfärbestift. | 20 **la Nochebuena:** Heiligabend, der 24. Dezember. | 23 **total …:** hier: letztendlich, sowieso. | 25 **a estas alturas** (fig.): um diese Zeit, jetzt.

ha quedado el peinado por detrás, antes de sujetarle el velo.

Guan-yin se mira, se echa a llorar, se levanta, abraza a Amalia y, de paso, Lorena aprovecha para echar unas lagrimitas.

– ¡Qué bonito, jefa! Y qué guapa está, ¿verdad? La entran a una ganas de casarse y todo …

Guan-yin se va corriendo porque no quiere que Cheung, su novio, la vea antes de tiempo. Diez minutos después aparece él, elegantísimo, con un flamante esmoquin de camarero, una rosa blanca en el ojal de la americana y el rollo del dinero abultando en un bolsillo. Amalia ha fijado el precio de los ocho trabajos en ciento veinte euros, el récord mundial del peinado barato, pero él pone tres billetes de cincuenta sobre el mostrador y da un paso atrás con los brazos en alto, las manos abiertas, para indicar que no piensa pagar ni un euro menos.

– Bueno, pues … Muchas gracias – la peluquera le tiende la mano y Cheung la estrecha –. Que tengas mucha suerte, que seas muy feliz.

Él asiente con la cabeza tres veces, como si hubiera entendido algo, antes de marcharse. Después, Amalia va a la caja registradora, guarda el dinero que acaba de cobrar, saca un billete de veinte, otro de diez euros.

– Toma, Lorena – y se los da a su aprendiza con dos besos –. Mi regalo de Navidad.

– Pero si no hace falta, jefa …

– Sí, sí hace falta. Porque te los has ganado.

1 f. **el velo:** Schleier. | 10 **flamante:** funkelnagelneu. | **el esmoquin:** Smoking. | 11 **el ojal:** Knopfloch. | 12 **abultar:** aufblähen.

Amalia está cansadísima y se saltaría la comida de Navidad de buena gana pero, antes de apagar las luces, entra en el ropero, mira la caja, sonríe.

La única condición que les puso a las chinas cuando cerró el trato fue que cada una le trajera dos kilos de arroz. El novio se sintió incluido, y sus dos paquetes coronan ahora una pequeña pirámide, tan primorosamente equilibrada y perfecta como todo lo que hacen sus vecinas de enfrente, que rebasa la capacidad de la inmensa caja de cartón.

Amalia no puede leer la marca porque está escrita en chino, pero siente la misma satisfacción que le habrían deparado dieciocho kilos del más genuino arroz valenciano.

1 **saltarse algo:** etwas auslassen. | 6 **coronar:** krönen. | 7 **primorosamente:** geschickt. | 9 **rebasar:** überschreiten. | **la capacidad:** Fassungsvermögen. | 11 f. **deparar:** bescheren.

El 21 de diciembre, a media tarde, Diana Salgado se mira en el espejo y descubre que una gota de consistencia viscosa y color vagamente violáceo le ha hecho ya un palote en una esquina de la frente. Entonces se levanta y mira a su alrededor, despavorida.

– Una toalla – dice en voz alta, pero siempre ha tenido la mala costumbre de pensarlo todo dos veces –, no, una toalla no, pero ¿qué?, papel higiénico, no, que se extiende y luego es peor, pues lo mojo, que no, que eso es lo peor de todo, ¿y qué hago …?

Al final coge una toalla, blanca, naturalmente, porque en ese momento no hay otra a mano, moja el pico en el agua del grifo, se limpia la mancha y, como era de esperar, lo deja todo perdido, su frente, el lavabo y la toalla, que está para meterla en lejía.

Cuando vuelve a mirarse en el espejo, se queda tan absorta en lo que está viendo que ni siquiera se acuerda de mirar el reloj para sumar veinticinco minutos a la acción del tinte que, aparte de la piel, debería de estar ya tiñéndole las canas.

– Pero, bueno … – y empieza a hablar en voz baja con la mujer que la mira desde el otro lado –. ¿Qué necesidad tengo yo de hacer esto, me lo quieres decir? A ver, ¿por qué estoy haciendo esto? ¿Por qué no puedo ir a la peluquería con

2 **viscoso/a:** zähflüssig. | 3 **violáceo/a:** veilchenblau. | **el palote:** hier: Strich, wie er von Schreibanfänger(innen) zur Übung gezogen wird. | 5 **despavorido/a:** entsetzt. | 12 **el pico:** Spitze, Ecke, Zipfel. | 13 f. **lo deja todo perdido:** etwa: sie ruiniert alles. | 15 **la lejía:** Bleichlauge. | 16 f. **absorto/a:** verblüfft.

mi hermana o con mis amigas, en vez de hacerme esta chapuza, que me dura menos y me sale peor? ¿Es que yo no trabajo? Sí, ya sé que hay rumores de que van a cerrar el Centro de Salud, que dicen que al reubicarnos nos recortarán el sueldo todavía más, ¿pero acaso no he cobrado este mes? Sí, menos que el año pasado y sin la paga extra, vale, pero ¿no he cobrado? Pues claro que he cobrado, pero aquí estoy, ¿y por qué …? Pues te lo voy a decir, porque tengo tres hijos. Tres hijos, sí, ya ves, uno, dos y tres, ¿y qué necesidad tenía yo de tener tantos? En el país con la tasa de natalidad más baja del mundo, que por no llegar, las de mi edad no llegan ni a un hijo de media, y yo, ¡hala!, derrochando … ¡Qué lista! Ahora, que yo, algún día, hago algo. Que sí, que hago algo, que esto no se va a quedar así, ni hablar, qué va … Porque en esta casa todo el mundo tiene derecho a todo menos yo, todo el mundo dispone de su tiempo y además del mío, y como se me ocurra tener algo que hacer … ¡Las rebajas, las rebajas, qué maruja eres, mamá! Y eso por no hablar de los deberes, porque … ¿Es que hay derecho a que yo, con cuarenta y cinco años, más de quince después de haber acabado la carrera de Medicina, con el doctorado y todo, tenga que estar todas las santas tardes haciendo deberes? Menos mal que el mayor ya está en la universidad, aunque da igual, porque ese es lo mismo que su padre, clavado, que vamos, hay que fastidiarse con el sexo superior, inge-

1 f. **hacer(se) una chapuza** (fam.): (an sich) herumpfuschen (*la chapuza*, fam.: Pfusch, Stümperei). | 4 **reubicar a alg.:** jdn. versetzen. | 10 f. **la tasa de natalidad:** Geburtenrate. | 12 **de media:** im Durchschnitt. | 18 **ser una maruja** (fam.): ein Hausmütterchen sein. | 25 **¡Hay que fastidiarse!** (fam.): Das ist ja nicht zum Aushalten!; Da muss man durch! | 25 f. **el ingeniero aeronáutico / la ingeniera aeronáutica:** Flugtechniker(in).

niero aeronáutico y no sabe hacer la o con un canuto ... ¿Para qué, si ya estoy yo aquí para entender los formularios de la matrícula, y para ir a las reuniones de la comunidad de vecinos, y a las de la AMPA, y a hablar con los tutores, y arreglar la conexión a Internet, y llamar al técnico cuando se estropea un electrodoméstico? Con un marido ingeniero, no te jode ...

Mira el reloj y calcula por encima que llevará un cuarto de hora. Deja pasar diez minutos más hablando con el espejo y repasa su viejo plan de fuga. Lo tiene todo pensado. Un domingo por la tarde, cuando su marido esté en el fútbol con sus amigos y sus hijos en la calle, con los suyos. Un domingo por la tarde, porque el sábado, al levantarse, habrá ido derecha al banco. ¿No se ocupa ella también de eso, de ir al banco? Y a partir de ahí ... Diana Salgado siempre ha tenido la costumbre de pensar las cosas dos veces, y por eso nunca ha pasado de ahí.

El tinte le queda bien, mejor de lo que esperaba. Se seca el pelo con cuidado, se riza las puntas con la plancha por la que tanto lloró su hija antes de hacerse esas rastas tan asquerosas que lleva ahora, y se coge un par de rulos por delante, para marcarse el flequillo. Cuando termina, son las ocho y media y al final le toca correr, pero una hora después, ni un minuto más, ni uno menos, se quita los rulos, los guarda en el bolsillo del delantal, se ahueca el pelo con las

1 **no saber (ni) hacer la o con un canuto** (fam.): von Tuten und Blasen keine Ahnung haben. | 8 **por encima:** oberflächlich, grob. | 19 **rizarse las puntas:** sich Locken in die Haarspitzen machen. | **la plancha:** hier: Lockenstab. | 19 f. **llorar tanto por algo** (fam.): etwas unbedingt haben müssen. | 22 **marcar el flequillo:** die Stirnfransen betonen. | 25 **ahuecarse:** auflockern.

manos, mira el efecto en el cristal del microondas, sale a la puerta de la cocina, y pega un grito.

– ¡A cenar!

– ¿Qué hay? – uno.

– ¿Qué hay? – dos.

– ¿Qué hay? – tres.

– Puré de verduras – ataja a tiempo la primera queja –, para ti no, para ti una ensalada de espinacas con champiñones, y de segundo, tortilla de patatas – y también llega a tiempo a atajar la segunda –, dos, una con cebolla y otra sin cebolla. ¿Y vuestro padre? No me importa, que vaya alguno a buscarle.

Al reconocer los pasos de Pepe sobre el suelo del pasillo, se vuelve cuando calcula que ha llegado a la puerta, y acierta.

– A ti te he hecho una sopa de fideos, que ya sé que el puré no te gusta.

– ¡Qué guapa estás, Diana! – y se vuelve hacia sus hijos –. ¿A que mamá está guapísima?

– ¿Qué me vas a pedir? – él sonríe y ella le imita sin saber por qué –. ¿Adónde hay que ir, a quién hay que llamar, qué se te ha olvidado?

– Nada – Diana se da cuenta de que está diciendo la verdad –. Te juro que nada. Ahora, por lo menos, no, dentro de un rato …

Pepe Martínez se sienta en su silla, atrae a su mujer hacia él, apoya la cabeza en su tripa, le acaricia el culo con una mano.

– Dentro de un rato, igual se me ocurre algo.

7 **el puré de verduras** (f.): Gemüsecremesuppe. | **atajar:** zuvorkommen. | 15 **el fideo:** kurze Nudel, Suppennudel.

Anda, que si no me gustara tanto este imbécil, se dice Diana a sí misma mientras respira el olor de su marido, si no me gustara tanto …

Después se sirve una copa de vino, los va mirando, uno por uno, y acaba reconociendo lo de siempre, que todo es culpa suya. Ella es la gran culpable, ella les ha convertido en unos inútiles, ella, haciéndolo todo siempre, haciéndolo todo sola, cargando con todo y convenciéndose a sí misma de que puede con más, pero … ¿Y qué iba a hacer, viviendo completamente sola en una casa encalada, en lo alto de un cerro, mirando al mar, sin trabajar y toda vestida de blanco?

El 22 de diciembre se hace evidente que el tinte casero de Diana ha sido el ingrediente más problemático de la Nochebuena de los Martínez Salgado. Nadie, ni siquiera ella, lo habría pensado.

– Yo este año no quiero cenar mucho, ¿eh, mamá? Y el turrón ni probarlo, que estoy a régimen.

Mariana, que hace un par de meses interrumpió sin avisar su largo noviazgo con el ordenador para pasarse de pronto todo el día en la calle, y ahora no hace más que hablar de política, del cambio climático, de la economía sostenible y cosas por el estilo, es la primera en sacar el tema, pero su hermano mayor la sigue de cerca. Esa es otra novedad, porque antes ni siquiera se hablaban y ahora están siempre de acuerdo.

– Oye, papá, ¿me prestas una americana para Nochevie-

10 **encalado/a:** weiß getüncht. | 12 **hacerse evidente:** klar werden. | 17 **estar a régimen** (m.): Diät machen. | 19 **el noviazgo:** (Paar-)Beziehung. | 21 f. **sostenible:** nachhaltig. | 23 **seguir** (e>i) **a alg. de cerca:** jdm. in einer Sache folgen.

ja? Este año no vamos a comprar entradas para ninguna fiesta. El padre de Mateo nos presta el local que tiene vacío al lado del garaje y así nos ahorramos el garrafón, que todavía me acuerdo de la resaca del año pasado.

Pepe sufre más, porque se siente culpable. Se da cuenta de que su angustia es fruto de un tradicional prurito masculino, pero eso no alivia su sufrimiento. Tampoco el hecho de que siga ganando más que su mujer, médico de la pública, con el sueldo recortado y sin paga extra. A él le han quitado menos, sólo un diez por ciento del salario, pero después de escuchar el bello discurso del director general acerca de la solidaridad que la empresa requiere de sus empleados y la necesidad de que remen todos a una para mantener el barco a flote, ha cobrado sólo la mitad de su paga extra. Y ahí no se ha acabado todo.

– Te juro que últimamente estás guapísima, Diana, te lo digo en serio.

Después de la cena, se quedan solos en el sofá del salón. Sus dos hijos varones se van al cuarto del mayor para jugar en la videoconsola y su hija se encierra en el suyo, como de costumbre, para que su ordenador no sufra demasiado echándola de menos.

– Tú quieres algo, ¿no? – Diana se acerca a su marido, le besa en los labios, se deja abrazar.

– Sí, quiero exactamente eso que estás pensando, pero además … – Pepe se incorpora y la mira a los ojos –. Quiero

3 **el garrafón:** große Korbflasche; hier (fig.): allgemeines Besäufnis. | 4 **la resaca** (fam.): Kater (nach Alkoholgenuss). | 6 **el prurito:** Perfektionismus. | 11 **el discurso:** Rede. | 13 **remen todos a una:** alle ziehen an einem Strang (*remar:* rudern). | 13 f. **mantener** (e>ie) **el barco a flote:** das Schiff über Wasser halten.

que no pienses que te estoy haciendo la pelota, primero porque es verdad que estás guapísima y luego, porque voy a darte una mala noticia.

Diana se pone tan nerviosa que ni siquiera se acuerda de la técnica de su marido, que siempre tiende a exagerar los contratiempos para que al final no lo parezcan tanto.

– ¿Qué ha pasado? – repasa la fecha y se aparta de Pepe como si le hubiera dado una corriente eléctrica –. No me digas que ha tocado el gordo en tu empresa y se te olvidó comprar lotería.

– ¡No! – él se echa a reír –. Sí compré lotería, no ha tocado un céntimo, y además, por la mañana nos hemos enterado de que este año no hay cesta.

– ¡Ah, bueno! Qué susto me has dado – Diana sonríe, vuelve a recostarse contra su marido, levanta la cabeza, le besa en los labios –. Creía que había pasado algo grave.

Es grave, porque ya había decidido tirar del regalo de la empresa, esas botellas que antes despreciaban y los mediocres embutidos que solían acompañarlas, para la cena de Nochebuena. Tiene dinero ahorrado, así que no es imprescindible, pero le habría venido muy bien. Este año ha decidido escatimar en los banquetes y estirarse en los regalos de Reyes, sobre todo porque no piensa gastarse ni un céntimo en chorradas. La culpable de tantas apreturas es la casa con jardín que se compraron en la costa hace tres años, cuando

1 **hacer la pelota a alg.** (fig.): jdm. schöntun. | 8 **la corriente eléctrica:** Stromschlag. | 9 **el gordo:** hier: Hauptgewinn der Weihnachtslotterie. | 13 **la cesta:** Korb; hier: Präsentkorb. | 15 **recostarse** (o > ue) **contra alg.:** sich an jdn. anlehnen. | 22 **escatimar:** sparen, geizen. | **el banquete:** Festmahl. | 24 **la chorrada** (fam.): unnützes Zeug / Quatsch. | **la apretura:** Mangel, finanzielle Klemme.

la crisis parecía el anuncio de una película de catástrofes y el director de su sucursal bancaria les ofrecía una hipoteca sin límites, os doy un poco más para la obra, ponemos otro poco más para los muebles, ¿y el seguro?, ¿y la alarma?, ¿y una piscina no vais a hacer? Pero les hacía tanta ilusión, llevaban veinte años soñando con esa casa, y ahora …

– Bueno, pues ya está – Pepe Martínez se incorpora un poco, coge a su mujer por la cintura, se la sienta encima –. Ya se han acabado las malas noticias.

El 23 de diciembre, Diana Salgado entra en la cocina como unas Pascuas, y descubre que de repente la cena de Nochebuena le trae absolutamente sin cuidado.

Mientras enciende la cafetera y exprime media docena de naranjas, se replantea en un momento los menús que tenía pensados, hablando consigo misma.

– Mañana – recapitula en un susurro, para que los niños no la oigan y se rían de ella como siempre que la pillan hablando sola –, un caldo de primero, luego unos entremeses sin marisco, si acaso gambones o langostinos congelados, y en vez de cordero, un solomillo de cerdo en hojaldre o pechugas Villaroy, que nunca las he hecho en Navidad pero

5 **les hace ilusión:** sie freuen sich darauf (*la ilusión:* [Vor-]Freude). | 10 f. **como unas Pascuas** (fam.): kreuzfidel, froh und munter. | 12 **le trae absolutamente sin cuidado** (m.; fam.): es ist ihr schnurzegal. | 13 **exprimir:** auspressen. | 16 **recapitular:** noch einmal durchgehen. | **en un susurro:** leise vor sich hinflüsternd (*el susurro:* Geflüster, Gemurmel, Flüstern). | 18 **el caldo:** Bouillon. | **el entremés:** Vorspeise. | 19 **el gambón:** rote Garnele. | **el langostino:** Riesengarnele. | 20 **el solomillo:** Filet. | **en hojaldre:** in Blätterteig. | 21 **la pechuga Villaroy:** panierte Hühnerbrust.

a los niños les gustan mucho. Dan mucho trabajo, pero salen tiradas de precio. Besugo ni de coña desde luego y cava sólo en Nochevieja, que es cuando hay que brindar …

Nada tiene importancia después de una noche de sexo derrochador, meridional e irresponsable, como la que su marido y ella le brindaron anoche a la directora del FMI y al gobernador del Banco de España mientras se compensaban mutuamente, él porque no hay cesta, y ella porque le ha sentado fatal que no la haya. ¿Y qué?, ha pensado hace un momento, al mirarse en el espejo recién levantada, con un aspecto espléndido aunque no ha dormido ni cuatro horas. Pues entre un jamón de Guijuelo y esto … Todavía le mando un sms navideño al jefe de Pepe, no te digo más.

Y entonces, a las ocho y cuarto de la mañana, suena el teléfono.

– ¡Aurora! – Diana identifica el número antes de contestar –. Buenos días, guapa – porque siempre se ha llevado muy bien con su suegra, pero esta mañana le agradece especialmente el pedazo de hombre que trajo al mundo –. ¿Cómo estás?

– Muy bien, hija. Te llamaba … – Diana escucha en segundo plano la voz de su suegro, pero díselo, mujer, díselo ya –. Que sí, Pepe, que ya se lo digo, cállate de una vez. Hay que ver, ¡qué hombre más pesado! – Diana guarda silencio

2 **tirado/a de precio** (fam.): spottbillig. | **el besugo:** Brasse. | **¡ni de coña!** (vulg.): ganz und gar nicht! (*la coña*, vulg.: Verarschung, Spott). | 5 **meridional:** südländisch. | 6 **el FMI:** ***F**ondo **M**onetario **I**nternacional:* Internationaler Währungsfonds. | 7 f. **compensarse mutuamente:** sich gegenseitig entschädigen. | 12 **el jamón de Guijuelo:** Räucherschinken aus Salamanca. | **todavía:** hier etwa: es kommt noch so weit, dass … | 19 **el pedazo de hombre:** Mannsbild.

mientras su suegra se recupera –. Perdona, hija, que te llamaba porque … ¿Qué has pensado hacer para la cena de mañana?

– Pues no lo sé todavía, Aurora, pero no te preocupes, que cenaremos muy bien.

– Ya, pero como estás tan liada, con el trabajo y eso … Que se nos ha ocurrido que llevamos la cena nosotros.

– Que no, Aurora, que no. No hace falta, de verdad.

– Que sí, mujer, que ayer nos tocó el reintegro de dos décimos y una terminación, déjanos, por una vez … Mira, tú haz un caldo, que te sale muy rico y no da guerra, y pones el vino, y los turrones, claro. Lo demás lo llevamos nosotros, ¿eh? – y la mujer del primer Pepe Martínez ya no escucha la voz de la segunda –. ¿Diana? – sólo un ruido extraño, como el eco de una ventosa –. ¿Diana? – luego algo parecido a un suspiro –. Diana, ¿estás bien, hija?

– Pepe, déjame … – eso es lo único que oye, después de un rato –. Pepe, que no, que voy a llegar tarde a trabajar … – y esto un poco después –. Bueno, pero déjame por lo menos que cuelgue a tu madre … – y Diana por fin contesta –. ¿Aurora?, bueno, que sí, que muchas gracias, ahora te voy a dejar porque … Pepe, se van a levantar los niños, te lo digo en serio … – aunque su risa desmiente todas sus advertencias –. Ay … Te llamo luego, Aurora, gracias por todo.

Esta mañana, Pepe Martínez llega tarde a trabajar.

9 **nos tocó el reintegro:** wir haben die Einsatzsumme zurückgewonnen. | 9 f. **el décimo:** hier: Lotto-Zehntellos. | 10 **la terminación:** hier: Lotto-Zusatzzahl. | 11 **dar guerra** (fam.): Mühe/Ärger machen. | 15 **la ventosa:** Saugnapf. | 20 **colgar** (o>ue) **a alg.:** sich am Telefon verabschieden. | 23 **desmentir** (e>ie): widersprechen. | 23 f. **la advertencia:** Warnung.

Diana Salgado no, porque su centro está muy cerca.

Bueno, que se fastidien, piensa, mientras llama al primer paciente de la mañana, por no habernos dado la cesta.

El 24 de diciembre, a las ocho y media de la tarde, lo único que ha hecho Diana es una olla de caldo y un picadillo de huevo duro, pollo y jamón. También ha llenado dos bandejas, una con pedacitos de turrón de todos los sabores, eso sí, y la otra con polvorones surtidos y figuritas de mazapán.

– ¿Y esto vamos a cenar, mamá? – a juzgar por su mueca de desencanto, a Mariana ya se le ha olvidado que está a régimen riguroso.

– No, tranquila – aunque su madre no está mucho menos inquieta –. Han dicho los abuelos que este año traen la cena.

– ¿Sí? Pues ... – en ese momento suena el timbre –. Deben de ser ellos, voy a abrir.

Sus abuelos viven en el barrio, pero esta noche han hecho un viaje muy largo para llegar hasta aquí.

Los dos nacen en la tercera década del siglo XX. Él recuerda detalles, sonidos, imágenes de la guerra. Ella no, pero si cierra los ojos puede ver la cartilla de racionamiento de su familia igual que si la tuviera entre las manos.

Después los dos siguen pasándolo muy mal. Pepe está a punto de emigrar a Bélgica, como su primo Arsenio, porque va todos los años a vendimiar a Francia y todos los años

5 **el picadillo:** gewürztes und angereichtertes Hackfleisch (Haschee), hier gereicht als Suppeneinlage. | 8 **el polvorón:** typisches, krümeliges Weihnachtsgebäck. | **surtido/a:** gemischt. | **el mazapán:** Marzipan. | 10 **el desencanto:** Enttäuschung. | 11 **riguroso/a:** streng. | 13 **inquieto/a:** unruhig. | 21 **la cartilla de racionamiento** (m.): Lebensmittelkarte.

le da mucha pena irse y más pena todavía volver. Pero en el que iba a ser el último de aquellos trenes, conoce a Aurora, una chica que va contratada como cocinera para los vendimiadores españoles y que no quiere vivir en el extranjero. Desde el primer momento le gusta mucho. Cuando la conoce, le gusta tanto que vuelve a Madrid y se queda con ella.

Su primera casa es un cuarto realquilado, y su hija mayor nace años antes de que puedan pagar un piso de alquiler para ellos solos. Él llega a tener hasta cuatro empleos a la vez. Ella, aparte de ocuparse de la casa y de criar a los niños, cose, mete pasquines en sobres, reparte propaganda por los buzones, hace muñequitos de fieltro, y los domingos se va al pueblo de sus padres, a comprar hortalizas que vende después, por las mañanas, en una mesa plegable que instala en la puerta del mercado de Barceló con la connivencia de un primo suyo que es guardia municipal. Entretanto, hay muchos días de desesperación y muchas noches memorables. Esa ha sido su vida, y al cabo ninguno de los dos la habría cambiado por ninguna otra.

– Pero, papá, mamá …

La noche del 24 de diciembre, cuando les ve abrir los paquetes que han traído, gambas, quisquillas y una docena de cigalas gordas de la pescadería, jamón ibérico, lomo y sal-

8 **realquilado/a:** untervermietet. | 12 **el pasquín:** Schmähschrift, politische Propaganda, Pamphlet. | 13 **el muñequito** (dim.) **de fieltro** (m.): Filzpüppchen. | 14 **la hortaliza:** Gemüse. | 15 **la mesa plegable:** Klapptisch. | 16 **la connivencia:** Einverständnis, Nachsicht. | 19 **(al fin y) al cabo:** letzten Endes, unterm Strich. | 23 **la quisquilla:** Garnele. | 24 **la cigala:** Kronenhummer. | **el jamón ibérico:** luftgetrockneter Schinken.

món ahumado del charcutero, y dos patas de cordero ya asadas, para calentar un momento en el horno, su hijo les mira como si estuviera viendo visiones.

– ¿Pero os habéis vuelto locos?

– No, hijo mío – él es quien contesta –. Lo que pasa es que no tenéis ni idea de lo que es una crisis. Si yo te contara …

– Déjalo, Pepe – su mujer sonríe y abraza a su nieta –. No empieces con las batallitas, que eres muy pesado.

1 **ahumado/a:** geräuchert. | **la pata de cordero:** Lammkeule. | 8 **la batallita:** Anekdote.

Al principio, Charo piensa en decírselo el día de Año Nuevo, aprovechando el simbolismo de la fecha, año nuevo, vida nueva.

Pero en Nochevieja su hermano Pascual organiza una cena para toda la familia, y se emociona tanto cuando su otro hermano, Alfredo, le da un abrazo y le pide perdón por no haberla apoyado antes, y tanto cuando su sobrino Jaime se ofrece a diseñarle gratis la web, y tanto cuando su hermana Ana le cuenta que ya ha hablado con su cuñado Sebas, un aparejador que ahora trabaja de portero porque está pasando por un mal momento pero que estará encantado de encargarse de la restauración de la casa, que antes de la cena empieza a beber demasiado.

Charo no se acuerda de la última vez que ha bebido a ese ritmo, pero tiene mucho miedo, y su proyecto la excita tanto al mismo tiempo que sigue bebiendo sin llevar la cuenta de las copas que vacía. Así, a las cuatro de la mañana está convencida de que se encuentra bien, pero al levantarse descubre que no puede andar en línea recta.

– Acompañadme a casa, por favor – aunque su hermana y su cuñado tampoco están muy sobrios –, que creo que me he emborrachado.

Menos mal que todos viven en el barrio y han venido andando.

– ¿Quieres que suba contigo? – propone Ana en el portal.

– No, no, si ya ... Ya estoy mejor.

10 **el aparejador / la aparejadora:** Bauleiter(in) | 12 **la restauración:** Renovierung. | 16 **sin llevar la cuenta:** ohne mitzuzählen. | 21 **sobrio/a:** nüchtern.

La mejoría le alcanza para subir en el ascensor con dignidad, abrir la puerta al tercer intento y desplomarse vestida en la cama, aunque una de las veces que se levanta a vomitar se acuerda de quitarse el vestido. Cuando se despierta, con un clavo atravesado en la cabeza, mira el reloj y descubre que son las cinco de la tarde, así que no habla con sus hijos el día de Año Nuevo. Bueno, pues la mañana de Reyes, piensa antes de volver a dormirse, la mañana de Reyes se lo digo.

Pero el día de Reyes siempre fue la fiesta favorita de su marido. Y el 6 de enero por la mañana, mientras todos abren sus regalos, se acuerda tanto de él, le duele tanto su ausencia, que renuncia antes de tiempo. Todavía estamos en Navidad, se dice, y en Navidad no se pueden decir estas cosas, es mejor esperar un poco, quitar el árbol, los adornos …

Por eso, y porque sigue estando muerta de miedo pero no puede seguir viviendo sin dormir por las noches, ha esperado hasta hoy, que es 10 de enero.

– Espera, que no me acuerdo del título … – su hija cierra los ojos, frunce las cejas –. Porque lo que nos estás contando es una película, ¿verdad?

No es una película, aunque todos han visto películas parecidas, familia de ciudad que se va al campo, joven ejecutivo amenazado por la mafia que se esconde en una granja, madre soltera reconvertida en una okupa rural … Ellos son

1 **la mejoría:** Besserung. | 2 **desplomarse:** zusammensinken, sich fallen lassen. | 4 f. **con un clavo atravesado en la cabeza** (fig.): mit stechendem Kopfschmerz (*el clavo:* Nagel). | 26 **reconvertido/a en:** zu etwas geworden sein.

una familia, desde luego. Ella, hasta que se quedó en el paro, era una ejecutiva, directora del departamento de marketing de la filial de una multinacional farmacéutica, billetes en *business* y hoteles de cuatro estrellas para arriba. Pero tiene cuarenta y nueve años, no es madre soltera, sino viuda, y sus dos hijos ya no son pequeños. Tampoco mayores, porque siguen dependiendo de ella para subsistir, aunque el mayor se licenció en junio del año anterior como ingeniero agrónomo después de romper estrepitosamente con su novia. Esa es una de las claves de su plan, que su hijo ya no tiene novia y es ingeniero agrónomo.

– Pero … Pero no puedes hacerme esto, mamá – y lo que tiene que hacer Charo son esfuerzos para no echarse a llorar –. Yo escogí la carrera porque me gustaba, y la finca de los abuelos, pues sí, ahí está, algún día habrá que hacer algo con ella, pero tanto como mudarnos a una casa en ruinas en un pueblo de Toledo, pues …

Ella toma aire y les cuenta la verdad con la poca delicadeza que puede permitirse. Su propuesta no es un plan A porque no hay plan B. Tampoco es una oferta porque no tiene margen para eso. Se le está acabando el paro, la herencia de su marido no va a durar eternamente, la alternativa es seguir viviendo como antes hasta que se acabe el dinero, poner en venta la casa, alquilar habitaciones mientras no se venda, desangrarse lentamente en infinitas noches en blanco, comer sólo pasta y arroz, y hundirse cada día un poco más.

2 **el ejecutivo / la ejecutiva:** Manager(in). | 3 f. **el billete en business** (ingl.): Flugticket in der Business Class. | 7 **subsistir:** auskommen. | 9 **estrepitosamente:** mit einem Riesenkrach. | 18 f. **la delicadeza:** Feingefühl. | 21 **se le está acabando el paro:** ihr Arbeitslosengeld läuft aus. | 25 **desangrarse:** ausbluten. | **la noche en blanco:** schlaflose Nacht.

– Mis abuelos vivieron de esas tierras. Y sus padres, sus abuelos antes que ellos. Y todos vivieron mejor o peor, porque aquí estamos nosotros. Es una buena tierra, el olivar, la viña, ya lo conocéis. Mis hermanos me la dejan gratis durante cinco años y, después, si las cosas van bien, puedo pagarles su parte a plazos, y si no … Siempre habrá tiempo para venderlo todo. Yo, desde luego, lo voy a intentar. Es verdad que la casa está mal, pero no es una ruina, Enrique. Y cuando se murió la abuela, Demetrio, el aparcero, nos llamó y nos dijo que quería aprovechar para jubilarse porque está enfermo y ya no puede más, aunque lo sentía por sus hijos, que no tenían dinero para seguir pagando el arriendo y se iban a quedar en el paro. He hablado con ellos y están dispuestos a seguir trabajando, igual que antes. Hasta ahora, han ido vendiendo las cosechas a cooperativas que lo compran barato, lo manufacturan, lo envasan, le plantan una etiqueta y lo venden caro. ¿Por qué no podemos hacer nosotros eso y quedarnos con todo? Yo soy experta en marketing …

– De medicamentos, mamá – le recuerda su hija.

– En marketing – insiste ella con firmeza –. Ahora todo se vende igual, yo lo sé de sobra. Así que, si me dais permiso, voy a invertir en esto el dinero del seguro de vida de papá, y si os parece mal, sólo la mitad.

– ¡Ay, mami! – Rosa se levanta, cruza el salón, se le sienta encima, la abraza como si hubiera vuelto a ser una cría –.

3 **el olivar:** Olivenhain. | 4 **la viña:** Weinberg. | 9 **el aparcero / la aparcera:** (Teil-)Pächter(in). | 12 **el arriendo:** Pacht. | 16 **manufacturar:** verarbeiten. | **envasar:** abfüllen. | 16 f. **plantar una etiqueta:** etikettieren. | 21 **con firmeza:** hartnäckig, unbeirrt. | 26 **el crío / la cría** (fam.): kleines Kind.

Quédate con todo y perdóname, por favor, perdóname …

Como su plan no es el guión de una película, Charo puede hacer concesiones. Habría preferido alquilar el piso de Madrid, pero su hija todavía está haciendo la carrera, y pacta con ella de buen grado. Si se compromete a pasar el verano en la finca, echando una mano en lo que haga falta, puede seguir estudiando y viviendo como hasta ahora, mientras ella se ocupa de todo sola o …

– Yo me voy contigo, mamá – a la hora de la verdad, el ingeniero agrónomo no vacila –. Cuenta conmigo.

La noche antes de la mudanza, Charo no puede dormir.

La primera noche que pasa en su casa nueva, tampoco.

Extraña la cama pero sobre todo el frío, la crueldad del aire, el hielo de las sábanas, el silbido del viento que se cuela por las rendijas de las ventanas y los ruidos del campo, el ulular de las lechuzas que la despiertan cuando consigue adormilarse para ponerle los pelos de punta.

Extraña sobre todo la reacción de su hijo, que todos los días sale muy temprano con el coche y vuelve a la hora de comer con un gesto apagado, taciturno, y sale otra vez por la tarde y algunas noches vuelve contento, otras no.

5f. **pactar con alg. de buen grado:** sich mit jdm. im Guten einigen. | 6 **comprometerse a:** sich verpflichten zu. | 7 **echar una mano:** mithelfen. | 14 **la crueldad:** Grausamkeit. | 15 **el silbido:** Pfeifen. | 15f. **colarse por:** durch etwas dringen. | 16 **la rendija:** Ritze, Spalte. | 17 **el ulular:** Schreien, Heulen. | **la lechuza:** Eule. | 18 **poner los pelos de punta** (f.) **a alg.:** jdm. die Haare zu Berge stehen lassen. | 21 **apagado/a:** hier: mutlos. | **taciturno/a:** schweigsam.

– ¿Qué tal? – pregunta ella con un nudo en la garganta –. ¿Qué has hecho?

– Pues nada, mirar las cosas. He estado con Demetrio y con sus hijos recorriendo la finca, hablando de cómo lo han llevado hasta ahora, de lo que se puede hacer …

– ¿Y qué piensas?

– Pues todavía no lo sé, mamá. Esto es muy grande, tengo que verlo todo bien antes de decirte algo …

Así el lunes, y el martes, y el miércoles, y el jueves, y el viernes por la mañana. Porque el viernes, a la hora de comer, Enrique, por fin, le dice la verdad.

– Vamos a ver, mamá – empieza antes de probar la comida –. Lo más importante de todo es que me escuches con tranquilidad y que no te desanimes. Esta finca es la hostia, eso para empezar. Tiene muchísimas posibilidades, pero está muy mal llevada. Demetrio es un buen hombre, pero no tiene ni idea de lo que es una explotación agrícola moderna. En la mitad del terreno cultiva forraje, y eso no puede ser. El olivar hay que replantarlo entero, porque los árboles son muy viejos y la tierra está agotada. La maquinaria es insuficiente y tiene cincuenta años, los cultivos están mal planteados, a veces hasta mal orientados, y no los ha alternado como habría debido. Siento decírtelo pero, si queremos hacerlo bien, tenemos que dar este año por perdido.

1 **con un nudo en la garganta:** mit einem Kloß in Hals, mit belegter Stimme. | 14 **desanimarse:** den Mut verlieren, aufgeben. | 17 **la explotación:** hier: Nutzung, Bebauung. | 18 **el forraje:** Grünfutter. | 20 **la maquinaria:** Maschinenpark. | 22 **plantear:** (eine Sache) angehen. | **están mal orientados:** sie sind falsch ausgerichtet. | 22 f. **alternar:** abwechseln; hier: abwechselnd bebauen. | 24 **dar algo por perdido:** etwas verlorengeben/abschreiben.

Hay que levantarlo todo, regenerar la tierra, replantear la explotación, estudiar con mucho cuidado un proyecto que sea viable y rentable, pero lo vamos a hacer, mamá, lo vamos a conseguir. Lo único ... Lo único es que, de momento, no vamos a poder tocar la casa. Tengo que estudiar a fondo las subvenciones que podemos pedir, pero así y todo, creo que vamos a tener que conformarnos con comprar un par de estufas – y por fin se mete la cuchara en la boca –. ¡Qué rico! No sabes el hambre que da el campo.

– Pero ... – Charo no sabe cómo le ha salido el estofado porque no puede comer –. Pero, entonces ... A lo mejor, todo esto es una locura. A lo mejor, lo sensato es renunciar a tiempo, volver a Madrid, vender la casa y ...

– ¿Qué dices? – y la expresión de Enrique al fin la tranquiliza –. Eso sí que no, eso sí que sería una locura. Ni hablar, mamá, nos quedamos, sólo te pido un año, un año y ya verás, confía en mí. Y de todas formas, con la huerta podemos empezar ya. Lleva mucho tiempo abandonada, pero la tierra es buena. Habrá que airearla, abonarla, pero ... Mañana, si quieres, nos ponemos a trabajar.

El día que recoge su primer pimiento, Charo empieza a dormir mejor a pesar del frío, de los ruidos inexplicables que la despiertan en mitad de la noche, del caprichoso ulular de las lechuzas.

Ahora al fin ha descubierto que su proyecto sí era una película, porque su vida no se parece nada a lo que había ima-

1 **levantar:** hier: umpflügen. | **regenerar:** regenerieren. | **replantear:** neu überdenken. | 3 **viable:** machbar. | 8 **la estufa:** Heizlüfter. | 10 **el estofado:** Eintopf. | 12 **sensato/a:** vernünftig. | 19 **airear:** lüften; hier: umpflügen. | **abonar:** düngen. | 23 **caprichoso/a:** launenhaft.

ginado, la plácida existencia de una mujer de mediana edad que vive con desahogo en una vieja y preciosa casa rural y sube paseando hasta una colina por las tardes para recrearse con la apacible estampa de sus campos sembrados.

A pesar de las estufas, su casa sigue siendo una nevera. Las ventanas son tan viejas como los muebles, todas tienen el marco desencajado y dejan pasar el aire por más tubos de silicona que ella gaste intentando rellenar los huecos. El móvil sólo pilla cobertura en el exterior, donde aún no hay jardín, ni porche, ni nada, porque los gastos que ha planificado su hijo se chupan todo el dinero, y por las tardes, cuando sube a la colina, sólo ve tierra revuelta, agujeros de árboles arrancados, cercas viejas. Pero la huerta le da alegrías, y Enrique, que cada mañana parece más feliz y cada noche vuelve a casa más contento con lo que hace, le alegra aún más que ver crecer sus lechugas. Así, Charo mantiene a raya la tentación del arrepentimiento.

Después de cenar, los dos se sientan frente a la chimenea, se arrebujan debajo de una manta y encienden la televisión, aunque nunca la ven más de diez minutos, porque Enrique le pide enseguida que saque las fotos.

Allí, en tres enormes álbumes, está toda su historia, la de la tierra y la de su familia, y él nunca se cansa de mirar los

1 **plácido/a:** geruhsam. | 2 **con desahogo:** sorglos (*el desahogo:* Erholung, Auskommen). | 3 **recrearse:** sich entspannen. | 4 **apacible:** sanft. | **la estampa:** Anblick. | **sembrado/a:** hier: bestellt (*sembrar:* säen). | 7 **el marco:** Rahmen. | **desencajado/a:** verzogen. | 9 **pillar cobertura:** Empfang haben. | 11 **chuparse** (fam.): hier: verschlingen. | 12 **revuelto/a:** aufgewühlt, umgegraben. | 13 **arrancar:** ausreißen. | **la cerca:** Umzäunung, Zaun. | 16 f. **mantener** (e>ie) **a raya** (f.) **algo:** etwas im Zaum halten. | 19 **arrebujarse:** sich warm zudecken.

campos, los árboles, el huerto que aparece siempre al fondo, detrás de unas figuras que suelen interesarle menos.

– ¿Ves lo que te expliqué de las acequias? Mira, mamá, antes iban por aquí, ¿lo ves? Yo creo que estaban mejor así, no sé cuándo las cambiarían … ¡Anda! – y sin embargo, esta noche cambia de opinión –. ¿Y este? ¿Es el abuelo? Qué guapo, ¿no? Yo siempre le había visto más feo y sin pelo.

– Es que no es el abuelo, hijo … O … – o sí, iba a decir, pero se muerde la lengua –. Es el tío Alfredo, aunque por lo visto …

No, ahora no, piensa Charo. Cuando vivamos en la casa de la película. Cuando suba a la colina y lo vea todo verde, se lo digo, que bastantes problemas tenemos ya.

– Por lo visto, ¿qué?

– Pues nada, que era más guapo que su hermano, ¿no lo ves?

Charo nunca habría podido venirse a vivir a esta casa gélida y ruinosa sin el apoyo de su hermano Pascual. Él habló con Ana, convenció a Alfredo, lo arregló todo y a cambio sólo le pidió una cosa, porque tengo que contárselo a alguien, Charo, tenéis que saberlo y tú eres la mayor, así que …

– ¡Qué raro! ¿El tío Alfredo? – Enrique la mira, perplejo –. Nunca me habías hablado de él.

– Pues porque emigró, y se casó con una alemana y nunca volvió, por eso debe de ser. La verdad es que yo ni siquiera me acuerdo de él – del que por lo visto ahora resulta que es mi padre, piensa Charo, de tu verdadero abuelo –, pero ya te

19 **gélido/a:** eiskalt.

lo contaré otro día. Ahora, vámonos a la cama, anda, que el campo da mucho sueño.

Al levantarse del sofá, presiente que va a dormir de un tirón aunque la causa no tiene nada que ver con el ritmo de la vida en el campo.

Porque hace un rato, cuando le ha preguntado por Alfredo abriendo mucho los ojos pero sin cerrar los labios del todo, Enrique le ha recordado muchísimo a su abuelo Pascual, el único abuelo materno que ha conocido, el hombre que, para Charo, siempre ha sido y siempre será su padre.

Pero también esta noche, en ese instante, con este viejo álbum de fotos entre las manos, Charo ha descubierto que es capaz de pensar con ternura en Alfredo, en la pasión que despertó en su cuñada Rosario, en el amor que les unió de verano en verano, sin que la memoria de Pascual se resienta del repentino cariño que le inspira de pronto su hermano mayor, el hombre que engendró a todos sus hijos.

Y al acostarse, el sueño la fulmina tan deprisa que ni siquiera le da margen para indagar en las auténticas razones de su insomnio.

3 **presentir** (e>ie): vorahnen. | 3f. **dormir** (o>ue) **de un tirón:** durchschlafen. | 15 **resentirse** (e>ie) **de algo:** unter etwas leiden. | 16 **repentino/a:** plötzlich, unerwartet. | 17 **engendrar:** zeugen. | 18 **la fulmina el sueño** (fig.): der Schlaf überkommt sie (*fulminar:* explodieren, treffen, vernichten). | 19 **dar margen a alg.:** jdm. Gelegenheit geben (*el/la margen:* Spielraum). | **indagar en algo:** etwas untersuchen.

Coinciden en el proceso de selección de personal de la empresa, pero se vieron por primera vez muchos años antes. Jaime lo recuerda. Consuelo no. Él no se lo reprocha. Está acostumbrado a que la gente no se acuerde de él.

Jaime no tiene nada de particular, y precisamente por eso pasa desapercibido. No es alto ni bajo, no llega a ser gordo pero desde luego no es delgado, tiene el pelo castaño, los ojos marrones, gafas de concha y el estilo propio de un chico que se ha criado en una familia de clase media pelada. Como sólo tiene una hermana, hereda siempre, desde siempre, la ropa de sus primos mayores, especialmente la del hijo de su tía Charo, su primo Enrique, que sólo le saca catorce meses aunque, hasta que ambos salen de la adolescencia, aparenta ser dos o tres años mayor que Jaime. Que su primo fuera más alto y más delgado que él nunca le favoreció, y por eso suele llevar aún una chupa acolchada, parecida a aquellas a las que recurría cuando era un muchacho para ocultar la tensión de los ojales, perpetuamente entreabiertos, de todas sus camisas. En eso ha consistido hasta hace poco la vida de Jaime, en taparse, en escurrirse, en no llamar la atención. Por eso su brillantez le asombra tanto todavía.

Durante muchos años, su expediente académico hace

1 **coincidir (con alg.):** jdm. zufällig begegnen. | 6 **pasar desapercibido/a:** übersehen / nicht beachtet werden. | 8 **las gafas de concha** (f.): Hornbrille. | 9 **pelado/a:** hier: schlicht, einfach. | 12 f. **sacar meses** (m.) **a alg.:** Monate älter sein. | 16 **la chupa:** Weste. | **acolchado/a:** gefüttert, wattiert. | 17 **recurrir a algo:** auf etwas zurückgreifen. | 18 **la tensión de los ojales:** die angespannten Knopflöcher. | 22 f. **hacer juego** (m.) **con algo:** zu etwas passen.

juego con su aspecto físico. Suele sacar unas notas del montón, sin llegar nunca a repetir un curso pero aprobando varios en septiembre para desesperación de su padre, que nunca se cansa de recordarle el precio que él ha pagado por el error de no haber querido estudiar, ni de preguntarle si lo que quiere es pasarse la vida de pie detrás de un mostrador. Jaime jamás responde, pero durante muchos años piensa en secreto que tal vez su destino sea heredar el bar, sobre todo porque su rendimiento no mejora demasiado al empezar la carrera.

Escoge la informática porque, a solas, en su cuarto, a lo largo de todas esas noches de viernes y de sábado en las que los noviazgos de sus amigos lo van dejando sin planes, se siente escogido, poderoso, capaz como nunca antes, aunque no se atreve a contárselo a nadie. De todas formas, las asignaturas teóricas se le atragantan. Sólo al final, en los dos últimos cursos, su talento llama la atención de algunos profesores. Con más de veinte años, Jaime prueba el sabor de las matrículas de honor y aprende que es incomparablemente dulce.

Desde entonces, su progreso ha sido inversamente proporcional al de Consuelo, la chica más guapa de su promoción, sobresaliente en las asignaturas teóricas, mediocre en todas las materias que no se resuelven a base de horas de estudio. Pero ni siquiera eso es suficiente para que ella le reconozca cuando coinciden en una prueba que Jaime solven-

9 **el rendimiento:** Leistung. | 16 **atragantarse algo/alg.:** etwas/jdn. nicht ausstehen können. | 19 **la matrícula de honor:** höchste Jahresnote eines Universitätskurses. | 21 f. **inversamente proporcional:** umgekehrt proportional. | 22 f. **la promoción:** hier: Studienjahrgang. | 26 f. **solventar:** lösen, erledigen.

ta con mejores resultados que ningún otro aspirante, y el primer día que ambos empiezan a trabajar, le saluda como si no le hubiera visto nunca.

A partir de entonces, él la mira, pero ni siquiera después de su primer ascenso se atreve a acercarse a ella. Tras el segundo sí. Le cuesta la misma vida bajar dos pisos, avanzar por un pasillo donde siente que todos le miran como si supieran de antemano lo que va a ocurrir, y entrar en el cubículo donde Consuelo se limita a sonreírle, estirando su simpatía hasta la exageración igual que si fuera un chicle.

– ¡Ay, qué pena! Me encantaría ir contigo al SIMO, Jaime, pero es que estoy liadísima. No tengo tiempo ni para tomar un café, te lo digo en serio, así que ... Mi hermana se va a casar, ¿sabes?, y ando de cabeza, preparándolo todo.

Aquella tarde, lo primero que ve Jaime al entrar en la feria por la puerta reservada a los profesionales acreditados es la magnífica pareja que forman Consuelo y el director del departamento de Recursos Humanos, el ejecutivo más guapo, el más mujeriego y, aunque la crisis es apenas una sombra que se insinúa en el horizonte, obviamente el más cabrón de toda la empresa. Cuando pasa por su lado no le ven porque están a punto de morrearse en mitad del pasillo.

5 **el ascenso:** Beförderung. | 6 **le cuesta la misma vida** (fig.): es fällt ihm/ihr wahnsinng schwer. | 8 f. **el cubículo:** Kämmerlein, Minibüro. | 11 **el SIMO:** *Salón Internacional de Tecnología e Innovación Educativa:* Computermesse in Madrid. | 12 **estar liadísimo/a** (fam.): sehr beschäftigt sein, viel um die Ohren haben. | 14 **andar de cabeza** (f.; fam.): keine freie Minute haben. | 16 **acreditado/a:** akkreditiert, offiziell zugelassen. | 18 **el departamento de Recursos Humanos:** Personalabteilung. | 19 **el mujeriego:** Frauenheld. | 20 **insinuarse:** sich andeuten. | 21 **el cabrón** (vulg.): Arschloch. | 22 **morrearse** (fam.): herumknutschen.

Jaime tampoco les saluda y se escurre a toda prisa, como antes. Como siempre.

Desde ese día, no vuelve a acercarse a Consuelo. Al fin y al cabo, en el trabajo todos han descubierto ya que es muy inteligente, así que empieza a creérselo él también y decide comportarse en consecuencia. Sigue ascendiendo y mirándola de lejos, eso sí, pero sólo hasta que ella se da cuenta. Entonces, con una disciplina implacable, orienta su mirada hacia cualquier otra mujer que esté a su alcance, aunque cuando la ve, nunca logra dejar de mirarla.

Así han pasado cinco años, tantos como las paradas de ascensor que miden la distancia entre sus carreras.

Hoy, Jaime piensa sobre todo en eso cuando la ve entrar en su despacho. Porque él trabaja en un despacho, ante una gran cristalera que ofrece una espectacular vista aérea de Madrid incluso en esta oscura, lluviosa mañana de enero, y no en un cubículo de paredes de plástico, embutido entre muchos otros habitáculos idénticos, en el centro de una sala interior donde está perpetuamente encendida la luz eléctrica. No es corriente que los programadores de la planta baja, encadenados a la monotonía del mantenimiento de las webs más vulgares, suban hasta el Olimpo de la sexta, donde residen los únicos y verdaderos dioses creadores de programas. Y sin embargo, aquí está Consuelo, delante de su mesa, ofreciéndole una de esas sonrisas de caucho, tan elásticas, tan suyas.

15 **la cristalera:** Glasfenster. | 17 **embutido/a:** eingezwängt. | 20 **no es corriente:** es kommt nicht oft vor, es ist nicht üblich. | 21 **encadenado/a a algo:** angekettet. | 22 **el Olimpo:** Olymp (Sitz der Götter in der griechischen Mythologie). | 25 **de caucho:** aus Gummi.

– ¡Joder, Jaime, menudo despacho tienes! Qué bien, ¿no? – y se sienta en una silla antes de que él abra la boca para ofrecérsela.

– Sí – esta mañana al fin se consiente mirarla a los ojos –. Las vistas son estupendas – pero de repente no le gusta lo que ve –. ¿Y a ti, qué tal te va? ¿Puedo ayudarte en algo?

– Bien, no, es que … Hace días que me acuerdo de ti. Ya no te veo nunca, como no usas el ascensor de la clase obrera … – hace una pausa para que Jaime le ría el chiste y él se limita a insinuar una sonrisa, pero no pronuncia una palabra –. Pues nada, que he pensado que es una pena, y que podríamos quedar algún día a tomar algo, no sé, un café o …

Jaime, que sigue siendo un hombre corriente, ni alto ni bajo, aunque a base de gimnasio ya no está ni remotamente gordo, y lleva unas gafas de montura Truman, y ropa de buena calidad, por fin nueva y de su talla, la mira con atención y vuelve a ver a la chica más guapa de su facultad, que sigue siendo la mujer más atractiva de la planta baja. Él no tiene pareja y ninguna de las chicas con las que ha salido se puede comparar con la que tiene delante. Pero Jaime, ¡ay!, es muy inteligente, y por eso le bastan unos segundos para analizar la situación de manera óptima. Porque es su capacidad para el análisis, y no el ascensor reservado a los ocupantes de la sexta planta, lo que le lleva cada mañana hasta ese despacho.

Jaime analiza a Consuelo y concluye que es una chica muy guapa que no ha logrado casarse con ninguno de los

1 **¡Menudo despacho!:** etwa: Was für ein tolles Büro! | 4 **consentirse** (e>ie): sich gestatten. | 9 **reír el chiste a alg.:** über jds. Witz lachen. | 14 **ni remotamente:** nicht im Geringsten, überhaupt nicht mehr. | 15 **de montura Truman:** mit einer Truman-Fassung (Marke).

ejecutivos a los que ha logrado seducir, que está aburrida de mantener webs, y que cuenta los meses que le faltan para cumplir treinta años con un sueldo mediocre, bastantes papeletas para el próximo reajuste de plantilla y ninguna expectativa de mejorar excepto en el caso de que consiga enganchar al programador mejor pagado del edificio, ese chico insignificante que siempre, desde siempre, ha estado enamorado de ella.

– Claro que sí, deberíamos vernos más – contesta, y piensa que la vida es un asco, pero sigue adelante aunque le duela, y le duele –. Lo que pasa es que … ¡Uf! Yo ahora mismo estoy liadísimo, ¿sabes? No tengo tiempo para cafés, ni para nada.

3 f. **tener bastantes papeletas** (f.) **para el próximo reajuste:** etwa: gute Chancen haben, der nächsten Umstrukturierung zum Opfer zu fallen. | 5 f. **enganchar a alg.** (fam.): sich jdn. schnappen; jdn. um den kleinen Finger wickeln. | 10 **es un asco:** es ist widerlich/miserabel/beschissen.

Al ver la fachada llena de colgaduras pintadas, como banderas extrañas, Fátima coge a su marido del brazo y está a punto de decirle, mira, vámonos, que esto no es para nosotros ... Pero Ahmed, su hijo mayor, ya ha entrado en el vestíbulo y avanza por él como por una alfombra roja.

– ¡Ahmed, tío!

– ¿Qué pasa, coleguita?

– ¡Qué bien que hayas venido!

– No veas cómo se va a poner Mariana de contenta ...

A Mariana sí la conocen, porque es compañera del instituto de su hijo. Se han hecho tan amigos que Ahmed recurrió a ella, con una naturalidad que les dejó pasmados, cuando les quitaron la tarjeta sanitaria. La madre de Mariana, médico en un centro de especialidades de la Seguridad Social, les recibió, se portó muy bien con ellos, les dio su número de móvil y les dijo que no se preocuparan, que seguramente en su ambulatorio iban a seguir atendiéndoles igual, pero que al menor problema la llamaran por teléfono y ya arreglaría ella lo que fuera. Aunque las cosas han cambiado mucho desde entonces. Fátima pasó por delante del Centro de Salud hace poco y vio la fachada cubierta de telas blancas con letreros escritos con spray, unas colgaduras no muy distintas de las extrañas banderas que identifican el

1 **la colgadura:** Wandbehang; hier: Banner, Transparent. | 7 **el coleguita / la coleguita** (fam.; dim.): Kumpel. | 11 f. **recurrir a alg.:** sich an jdn. wenden. | 12 **pasmado/a:** verblüfft, verdattert. | 13 **la tarjeta sanitaria:** Krankenversicherungskarte. | 15 **portarse bien con alg.:** jdm. gegenüber zuvorkommend/freundlich sein. | 17 **el ambulatorio:** Poliklinik, Ambulanz.

edificio en el que acaban de entrar. Menos mal que ninguno se ha puesto malo todavía.

También le cuesta trabajo reconocer a Mariana, porque va vestida de una forma muy extraña. Acaba de empezar febrero y en la calle luce un sol tramposo, radiante, como un torpe anuncio publicitario incapaz de desmentir los nueve grados que marcan los termómetros, pero ella lleva una camiseta negra, una minifalda elástica de estampado de leopardo y unas medias de rejilla de agujeros tan gordos que deben de hacer el mismo efecto que ir con las piernas desnudas. No pegan nada con las botas militares de cordones desatados que cubren sus pies, pero lo más raro es su peinado, mechas californianas rubias sobre su pelo oscuro y varias rastas por encima. Al principio, a Fátima le da un poco de vergüenza mirarla, pero sigue siendo muy amiga de Ahmed, tanto que viene corriendo y se cuelga de su cuello para darle un abrazo que en el pueblo de sus abuelos implicaría una promesa de matrimonio como mínimo. Aquí no, porque Santi, que es ecuatoriano, se les echa encima y ya es un abrazo de tres, de cuatro cuando llega Edu, tan español como la chica, y son como una piña humana, un monstruo de cuatro cabezas o un equipo de fútbol que acaba de marcar un gol.

– Me alegro mucho de que os hayáis decidido a venir –

2 **ponerse malo/a:** krank werden. | 5 **tramposo/a:** trügerisch. | 8 f. **el estampado de leopardo:** Leopardenmuster. | 9 **medias de rejilla:** Netzstrumpfhose. | 11 **no pegar nada con algo** (fam.): überhaupt nicht zu etwas passen. | 11 f. **el cordón desatado:** loser/ungebundener Schnürsenkel. | 13 **las mechas californianas:** modisch blondierte Haarsträhnchen. | 21 **la piña humana:** Form, die entsteht, wenn sich mehrere Menschen umarmen (*la piña:* Ananas).

Mariana besa primero al padre de Ahmed, luego a su madre –. Ya veréis lo bien que vais a estar aquí. Todavía no hemos tenido tiempo para organizarlo todo bien, pero tenemos espacio de sobra.

No tardan en descubrir que eso es verdad, porque les han adjudicado dos habitaciones exteriores, espaciosas, comunicadas entre sí por un salón donde encuentran hasta un sofá y una mesita recién recuperados de la basura, en el primer piso del antiguo hotel. No hay camas, pero ellos han traído sus colchones, los que compraron para estrenar el piso de Pinto, aquella casa que al principio fue la mayor alegría, después la pena más negra de sus vidas.

Los padres de Ahmed todavía no entienden muy bien lo que les ha pasado, por qué aquel señor del banco, tan simpático que en cada visita le ofrecía un puñado de caramelos a cada niño antes de lanzarse a hacer unos números tan risueños que parecían guiñarles desde el papel los ojos que no tenían, se ha convertido en un muro, una estatua, una máquina de decir que no. Cuando firmaron la hipoteca se puso una mano en el corazón y les prometió que no iba a haber ningún problema.

– Si yo supiera que no iban a poder pagar – y sus labios se curvaron para dejar a la vista unos dientes dignos de un anuncio de dentífrico –, no les concedería el crédito, como comprenderán.

Luego, cuando el marido perdió el empleo y la mujer la

6 **adjudicar algo a alg.:** jdm. etwas zuweisen. | 11 **Pinto:** im Süden von Madrid gelegenes Dorf. | 15 **el puñado:** Handvoll. | 17 **risueño/a:** froh, heiter, verheißungsvoll. | **guiñar a alg.:** jdm. zuzwinkern. | 23 **curvarse:** sich biegen. | 24 **el dentífrico:** Zahncreme.

mitad de las casas donde iba a limpiar, ya no recordaba haber dicho eso nunca jamás.

– Así funcionan estas cosas, no es culpa mía – tampoco volvió a enseñarles los dientes –. Esto es un banco, no una ONG, ya se lo expliqué cuando les concedimos el crédito. O pagan o a la calle, es una lástima pero no hay nada que hacer …

Y ni siquiera les daba un triste caramelo a sus hijos cuando iban a suplicarle que esperara un poco más.

Desde que el juzgado embargó su piso han vivido casi dos meses desperdigados en casas de conocidos. El marido con un crío, en una. La mujer, con la más pequeña, en otra. Los hijos mayores, en otras dos, todas de inmigrantes marroquíes, vecinos del pueblo de sus padres. Hasta que Ahmed los reúne a todos unos días antes en un bar de la Puerta del Sol.

– Escuchadme bien, hay una posibilidad de que volvamos a vivir todos juntos en un edificio ocupado, en el barrio de mi instituto. Lo lleva una asociación de vecinos de allí y tengo muchos amigos dentro. Son los mismos que me dieron aquel cajón de comida que os llevé en Navidad, el que tenía aquellos paquetes de arroz tan raro, con letras chinas, ¿os acordáis?

Su madre sonríe, porque se acuerda. Su padre, en cambio, niega con la cabeza.

– Eso es ilegal, Ahmed, eso no está bien, no se puede

5 **ONG:** ***O**rganización **N**o **G**ubernamental:* Nichtregierungsorganisation. | 9 **suplicar a alg.:** jdn. anflehen. | 10 **embargar:** beschlagnahmen. | 11 **desperdigado/a:** zerstreut, verteilt. | 21 **el cajón:** Kiste.

romper un cerrojo y entrar en un edificio así, por las buenas …

– ¿Y lo que te han hecho a ti está bien, padre?

Los dos se miran un instante, como si estuvieran a punto de batirse en duelo.

– Lo que te han hecho a ti es legal, pero no está bien – insiste Ahmed al rato –. Durante seis meses sólo hemos comido arroz blanco, hemos ahorrado de donde podíamos y de donde no, hemos andado con zapatos con la suela rajada, hemos guardado hasta el último céntimo … Tú has sido legal, ¿y qué tienes? Un recibo de cuatrocientos euros al mes por una casa de la que te han echado después de haber pagado casi sesenta mil, más de lo que vale ahora. Mis colegas sólo quieren ayudarte. Déjate ayudar, padre.

Así han llegado hasta aquí, a este edificio extraño, lleno de jóvenes extraños con un aspecto extrañísimo, y familias como la suya, algunas españolas, otras extranjeras, latinoamericanas, eslavas, magrebíes, africanas, un laberinto de lenguas y colores por el que Edu, el mejor amigo de Ahmed desde la escuela infantil, les guía sin perder jamás la sonrisa.

– Hemos conseguido para vosotros mantas, comida, material escolar y juguetes para los niños, lo encontraréis todo en la habitación. Hay un servicio de voluntarios que los lleva al colegio por las mañanas, luego os digo dónde está para que apuntéis a los vuestros, si queréis me encargo yo de

1 **el cerrojo:** Türschloss. | 1 f. **hacer algo por las buenas:** etwa: etwas einfach so / im Guten tun. | 5 **batirse en duelo** (m.): sich duellieren. | 9 **la suela rajada:** abgewetzte Schuhsohle. | 18 **eslavo/a:** slawisch. | **magrebí:** aus dem Magreb, nordafrikanisch. | 21 **la manta:** (Woll-)Decke. | 25 **apuntar a alg.:** jdn. einschreiben.

ellos … Y dentro de un rato, cuando os instaléis, irá a veros un abogado para tomar vuestros datos, a ver lo que podemos hacer con el tema de la hipoteca.

Los padres de Ahmed se miran, ella levanta las cejas, él insinúa un movimiento de negación con la cabeza. Y sin embargo, media hora después suenan unos nudillos en la puerta. La mujer vuelve a mirar al marido. Él se levanta, va a abrir, y encuentra a una señora de treinta y muchos años, con un traje de chaqueta azul marino, zapatos de medio tacón, varias carpetas en los brazos y el gesto enérgico de una persona eficaz, acostumbrada a actuar deprisa y sin perder el tiempo.

– Hola – la madre de Ahmed sonríe al reconocerla –. ¿Cómo estás?

– Muy bien, Fátima, ¿y tú? – las dos se besan ante el perplejo silencio del hombre que las mira.

– Es la madre de Edu – le informa enseguida su mujer –. Nos conocemos del colegio, de los festivales y las reuniones, de hace … ¡Uf!

– Sí, mucho tiempo. Me llamo Marita – al tenderle la mano sonríe y le enseña unos dientes menudos, irregulares, mucho más feos que los del director del banco pero dientes, después de tanto tiempo –. Aparte de la madre de Edu, soy uno de los abogados de la asociación. Necesito que me deis todos los datos de vuestro desahucio. ¿Habéis traído los papeles?

Los han traído porque Ahmed les dijo que debían hacerlo, que era muy importante. Se lo entregan todo y después,

1 **instalarse:** sich (häuslich) einrichten. | 6 **el nudillo:** (Finger-)Knöchel. | 9f. **de medio tacón:** mit halbem Absatz.

durante más de un cuarto de hora, los dos se quedan de pie, muy quietos, muy callados, cogidos del brazo, mientras Marita escribe a toda velocidad, rellenando formularios, revisando documentos, parando para sonreírles de vez en cuando.

– ¿Tú crees que nos van a devolver el piso? – Fátima se atreve a responder a sus sonrisas con esa pregunta y antes de terminar de decirlo se siente estúpida, porque ya sabe ella que eso no va a pasar nunca.

– No – pero Marita no la censura por preguntar bobadas –. Eso es imposible, no quiero engañaros. Lo que voy a intentar es que cancelen vuestra deuda, que no tengáis que seguir pagando por él después de haberlo perdido.

– Eso ya sería bastante – reconoce Mohamed –. Porque antes o después nos echarán de este edificio, ¿verdad?

– Sí – Marita se quita las gafas para mirarle, asiente con la cabeza –. Antes o después os echarán, nos echarán a todos. Pero ocuparemos otro, porque Madrid está lleno de edificios vacíos y de familias que se han quedado en la calle. De todas formas, eso no va a pasar mañana, y si consigo libraros de la deuda, para cuando nos desalojen igual ya habéis podido alquilar un piso. Voy a solicitar para vosotros uno de alquiler social, a ver si hay suerte.

Y enseguida se levanta, mira el reloj, se arregla la ropa, se despide de ellos.

– Vamos a hacer todo lo que podamos – le da la mano al padre, besa después a la madre con la misma energía –, os lo prometo. Lo único que os pido es que tengáis paciencia, y

2 **cogidos del brazo:** Arm in Arm. | 15 **echar a alg.:** jdn. hinauswerfen. | 21 **desalojar a alg.:** jdn. auf die Straße setzen.

que no desesperéis. Estos procesos son siempre muy largos, muy pesados, porque los abogados de los bancos hacen todo lo posible para que nos cansemos. Pero ni vosotros ni yo vamos a cansarnos. Nunca, ¿de acuerdo?

Cuando se quedan solos en la habitación, los padres de Ahmed se abrazan.

Él no se fía demasiado de lo que les ha dicho la abogada pero, en ese instante, después de mucho tiempo, se encuentra en paz.

Ella no, porque un gusanito se pasea por sus tripas. No es la primera vez que ocurre. El gusanito siempre se despierta cuando Fátima se enfrenta a las cosas que hacen algunas madres de familia, mujeres como ella, que han estudiado, y trabajan, y se mueven mucho más que los hombres.

De todas formas, con su carrera, y su trabajo, y la asociación y todo eso, ella tampoco va a conseguir que nos devuelvan el piso, piensa.

Pero no se siente mejor.

2 **pesado/a:** hier: mühsam. | 10 **un gusanito pasea por sus tripas** (f.): etwas wurmt sie doch ein bisschen (*el gusano:* Wurm). | 12 **enfrentarse a algo:** sich mit etwas auseinandersetzen.

Resumen de la segunda parte

En la segunda parte incluso los que vivían con un desahogo que parecía estable como la médica, su marido el ingeniero y sus tres hijos, empiezan a pasarlo mal. Los negocios estables y prósperos se ven amenazados por las bajadas de precios de la competencia venida de fuera y acostumbrada a trabajar más horas por menos dinero. Los niños pasan hambre en el recreo porque sus padres no tienen para el bocadillo, o la fruta o la bebida de media mañana. Y así, se van narrando historias que se enredan unas con otras y si tiras de una y salen todas porque todas se relacionan, todas tienen que ver y todas están relacionadas con en el barrio.

Al final ya ha pasado un año desde que empezó «Ahora» y la autora dice adiós a sus personajes que, como al principio, regresan de vacaciones a finales de verano. Unos siguen en sus trabajos aunque no saben por cuanto tiempo, otros han perdido los suyos y se han dedicado a otras aventuras que no siempre salen bien, algunos han conseguido mejorar y otros se han quedado por el camino.

Aquí les despedimos, en este barrio de Madrid que es el suyo, distinto pero semejante a muchos otros barrios de esta o de cualquier ciudad de España, con sus calles anchas y sus calles estrechas, sus casas buenas y sus casas peores, sus plazas, sus árboles, sus callejones, sus héroes, sus santos, y su crisis a cuestas.

Editorische Notiz

Der spanische Text folgt der Ausgabe: Almudena Grandes, *Los besos en el pan*, Barcelona: Tusquets, 2015, S. 9–153. Dies ist die erste Hälfte des Romans, die ein abgeschlossenes Ganzes darstellt, während der gesamte Roman für eine Behandlung im Unterricht zu umfangreich wäre.

Das Glossar enthält alle Wörter, die nicht im *Thematischen Grund- und Aufbauwortschatz Spanisch* von José María Navarro und Axel J. Navarro Ramil (Stuttgart: Klett, 2001) enthalten sind. Dabei wird der Grundwortschatz als bekannt vorausgesetzt; Wörter, die zum Aufbauwortschatz zählen, sind bei Bedarf erklärt. Allerdings wurde bei Wörtern, die vom Deutschen her verständlich sind, auf eine Erklärung verzichtet, ebenso bei Wörtern, die leicht abgeleitet werden können. Die unbekannten Wörter werden bei gleicher Bedeutung nur einmal angegeben.

Im Glossar verwendete spanische Abkürzungen

adv.	adverbio (Adverb)
alg.	alguien, alguno (jemand)
am.	americanismo (Amerikanismus: nur in Lateinamerika gebräuchlich)
aum.	aumentativo (Vergrößerungsform)
dim.	diminutivo (Verkleinerungsform)
f.	femenino (weiblich)
fam.	lenguaje familiar (umgangssprachlich)
fig.	sentido figurado (sinnbildlich, übertragen)
fran.	francés (französisch)
ger.	gerundio (Gerundium)
inf.	infinitivo (Infinitiv)
ingl.	inglés (englisch)
loc.	locución (Redewendung)
med.	medicina (Medizin)
pey.	peyorativo (abwertend)

pl.	plural (Plural)
rel.	religión (Religion)
vulg.	lenguaje vulgar (vulgär)

Literaturhinweise

Werke von Almudena Grandes

Romane

Las edades de Lulú. 1989.
Te llamaré Viernes. 1991.
Malena es un nombre de tango. 1994.
España Logo. 1995.
El descubrimiento de una tradición. 1995.
Atlas de geografía humana. 1998.
Los aires difíciles. 2002.
Castillos de cartón. 2004.
El corazón helado. 2007.
Inés y la alegría. 2010.
El lector de Julio Verne. 2012.
Las tres bodas de Manolita. 2014.
Los besos en el pan. 2015.
Los pacientes del doctor García. 2019.

Kurzgeschichten:

Modelos de mujer. 1996.
Estaciones de paso. 2005.

Artikel

Mercado de Barceló. 2014.
La herida perpetua. 2019.

Kinderbuch

¡Adiós, Martínez! 2014.

Preise und Auszeichnungen

1989 XI Premio La Sonrisa Vertical
1994 Finalista Premio Nacional de Literatura (Narrativa)
1994 Finalista del Premio de la Crítica (Narrativa) für *Las edades de Lulú*
1995 Récord en una maratón de narración de cuentos en Guadalajara für *Malena es un nombre de tango*
1996 Premio NH (Navarra Hoteles) Relatos für *Malena es un nombre de tango*
1997 Premio Rosone d'Or für *Modelos de mujer*
2002 Premio Sindicato UGT Julián Besteiro de las Artes y las Letras, Ayuntamiento Pianella (Italia)
2003 Premio de los lectores de la cadena de librerías Crisol für *Los aires difíciles*
2003 Público del Premio Salambó für *Los aires difíciles*
2004 Premio Literario Arzobispo Juan de San Clemente für *Los aires difíciles*
2008 VII Premio de Novela Fundación José Manuel Lara für *El corazón helado*
2008 Premio al Libro del Año del Gremio de Libreros de Madrid für *El corazón helado*
2010 Premio de la Crítica für *Inés y la alegría*
2011 Premio Sor Juana Inés de la Cruz für *Inés y la alegría*
2011 Premio Iberoamericano de Novela Elena Poniatowska für *Inés y la alegría*
2017 Premio Abogados de Atocha
2018 Premio Liber
2018 Premio Nacional de Narrativa

Nachwort

Zur Autorin

Almudena Grandes wird am 7. Mai 1960 in Madrid geboren. Sie zählt heute zu den wichtigsten SchriftstellerInnen Spaniens.

Nach dem Geographie- und Geschichtsstudium an der Universidad Complutense in Madrid arbeitet sie als Redakteurin und Lektorin in verschiedenen Verlagen und gelegentlich für die Presse, vor allem *El País*, und den Rundfunk. Sie ist Co-Autorin verschiedener gemeinschaftlicher Buchprojekte wie *Libro negro de Madrid* (1994), *Madres e hijas* (1996) und *Érase una vez la paz* (1996). Seit 1998 ist sie Mitglied des Comité Asesor del Legado Andalusí (Verwaltungskommittee für das Erbe Andalusiens). Immer wieder hat sie ihre Unterstützung für die Partei Izquierda Unida betont.

Ihr erster Roman, *Las edades de Lulú* (1989), macht Furore. Er wird von Kritik und Publikum begeistert aufgenommen, in mehr als 20 Sprachen übersetzt und mit dem Preis für erotische Literatur *Sonrisa Vertical* ausgezeichnet. Die Verfilmung (1990) stammt von Bigas Luna. Ihr dritter Roman, *Malena es un nombre de tango* (1994), wird von Gerardo Herrero verfilmt.

Es folgen u.a.: *Atlas de la geografía humana* (1998), *Los aires difíciles* (2002), ebenfalls von Gerardo Herrero verfilmt, 2007 erscheint *El corazón helado* (2007; José Manuel-Lara-Preis und Preis des Verbands der madrilenischen Buchhändler). 1997 wird Almudena Grandes als erste Frau mit dem Rossone-d'Oro-Preis ausgezeichnet, den vor ihr

Schriftsteller wie Alberto Moravia oder Ernesto Sábato erhalten hatten. Ein großer Teil ihres Romanschaffens ist zeitlich im ausgehenden 20. Jahrhundert angesiedelt und zeigt den Alltag Spaniens zur Jahrtausendwende.

Auch der Spanische Bürgerkrieg spielt in ihrem Werk eine Rolle: In *El corazón helado* (2007) zeigt sie das Entstehen verschiedener Machtstrukturen im zeitgenössischen Spanien auf. Dieser Blick auf die Vergangenheit wird systemisch ab dem Erscheinen von *Inés y la alegría* (2010), der Beginn einer Romanserie, die sich ganz auf diesen Konflikt konzentriert und den Titel »Episodios de una guerra interminable« trägt. Weitere Episoden sind *El lector de Julio Verne* (2012), *Las tres bodas de Manolita* (2013) und *Los pacientes del doctor García* (2017). Nach Auskunft der Autorin wird der fünfte Teil, *La madre de Frankenstein*, in den 50-er Jahren spielen.

Im Oktober 2018 erhielt Almudena Grandes den Premio Nacional de Narrativa, die höchste Auszeichnung im spanischen Literaturbetrieb.

»Los besos en el pan« – Hintergrund, Analyse, Themen

Vorab ist eine Erklärung zu diesem Bändchen sinnvoll, da in ihm nur die erste Hälfte eines überaus erfolgreichen Romans Almudena Grandes wiedergegeben wird. Wie kam es dazu? Auf einem Fortbildungsseminar der Universität Zürich über *Los besos en el pan* wurde dem Herausgeber schnell klar, dass die darin behandelten Themenbereiche für Spanischklassen im Abitur sehr relevant und ansprechend sind. Im Laufe des Seminars lernte ich Almudena

Grandes persönlich kennen, und wir unterhielten uns kurz über die Möglichkeit, eine annotierte Ausgabe für die Rote Reihe ins Auge zu fassen. Nur wenig später stellte sich heraus, dass der Roman in Deutschland als Pflichtlektüre im Zentralabitur auftauchte, kurioserweise aber nur bis Seite 153! Wer sich intensiver mit Grandes' Meisterwerk auseinandersetzt, wird bald erkennen, dass dieser erste Teil die Wirtschaftskrise von 2008 in Spanien und ihre Folgen zum Inhalt hat. Genauer gesagt: wie die weltweite Krise dieser Jahre ein Stadtviertel Madrids am Beispiel einiger Duzend Bewohner betrifft. Und dieser erste Teil betrifft auch die Leser, die sich mit den Auswirkungen des Europa der zwei Geschwindigkeiten auf den Einzelnen auseinandersetzen wollen. Und dafür genügt der erste Teil.

Worum es in ihrem Roman *Los besos en el pan* geht, kann uns Almudena Grandes am Besten selbst in einem Interview mit dem Lektüreportal oleloslibros.com auf Youtube erklären:

> La idea del libro es contar la vida de un barrio de una ciudad que puede ser Madrid, pero puede ser cualquier otra de España, incluso de otros países de Europa durante un año, esa es mi intención. En la novela hay un principio arbitrario y un final arbitrario y está construido un poco como un moasáico de historias, ¿no?, de muchos personajes en un barrio que además se caracteriza porque es muy heterogéneo socialmente – como una especie de desafío personal.[1]

1 https://www.youtube.com/watch?v=noi1MlaUHvg (zuletzt aufgerufen am 18.1.2020)

Wie jeder Puzzle-Fan weiß, können einem die vielen kleinen Teilchen mitunter den Blick aufs Ganze verwehren, oder zumindest erschweren. Hilfreich dabei ist, sich an den Steinchen mit gleichen Farben oder Strukturen zu orientieren. Im dieser *novela coral* sind dies die Familien, Paare und Freundeskreise, die von denen abschnittweise erzählt wird. Deshalb macht es Sinn, diese Konstellationen zu Beginn jedes Abschnitts vorzustellen und ihren Bezug zueinander aufzuzeigen. In der kurzen Einleitung »Antes« ist das Stadtviertel noch selber Protagonist.

I Antes

In diesem kurzen Streifzug durch ein madrilenisches Stadtviertel hält Almudena Grandes vor allem zwei Tatsachen fest: dass es in Spanien immer schon Armut gegeben hat – selbst als Spanien im Goldenen Zeitalter die Hälfte der damals bekannten Welt regierte – und dass die Spanier früher die Armut in Würde ertrugen. Sie räumt aber auch ein, dass ihre Landsleute sich nie viel sagen ließen. Doch das soll jetzt anders werden: »Pero los españoles, que durante muchos siglos supimos ser pobres con dignidad, nunca habíamos sabido ser dóciles. Nunca, hasta ahora« (S. 16).

In ihrer Einladung, das Stadtviertel genauer kennenzulernen, macht die Autorin klar, dass es die Menschen sind, die ein Stadtviertel ausmachen und ihm Leben einhauchen. Die Geschichten dieser Menschen und ihrer Auseinandersetzung mit der Krise, mit vielerlei Krisen, sind das Leben, das Almudena Grandes uns zeigen will: jetzt. (Für den Leser ist es lohnend, sich zu überlegen, welche Gebäude und

Einrichtungen ein typisch spanisches Stadtviertel ausmacht, z.B. die *plaza*, als Mittel- und Treffpunkt der allermeisten Stadtviertel.)

II Ahora

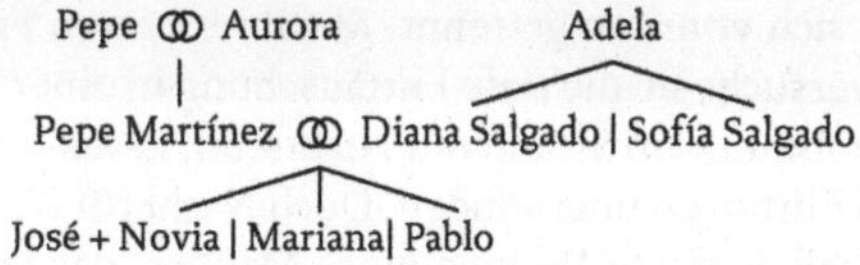

Die Familie Martínez Salgado spielt in eine zentrale Rolle in *Los besos en el pan*. Sie kehren vom gemeinsamen Familienurlaub am Meer zurück – drei Generationen im selben Ferienhaus –, und alle sind erleichtert, wieder in ihrer gewohnten Umgebung zu sein. Pepe und Diana scheinen gutsituiert zu sein, Dianas Beruf als Endokrinologin ist so bemerkenswert wie die Tatsache, dass Oma Adela mit großem Eifer an einem Online-Kriegsspiel für Mehrfachspieler teilnimmt. Und so schön es am Meer gewesen sein mag, finden doch alle ein Motiv, um den Alltag in Madrid mit einem lustvollen »¡Qué gusto, Dios mío!« wieder aufzunehmen.

Der zentrale Teil des Romans, das Jetzt, zeigt die noch heile Welt einer Familie, die den Monat August fernab des Glutofens Madrid am Meer in der eigenen Ferienwohnung verbringen kann. Jede Generation hat ihr eigenes Auto, auch für ein Haustier ist Platz, und sowohl im Urlaub als auch zu Hause hat jede Generation ihre Annehmlichkeiten und genehmigt sich hier und dort einen kleinen Luxus.

Sofía Salgado — Marita — Sebastián

Wenn Tränen die Worte sind, die das Herz nicht aussprechen kann, dann lenkt uns Almudena Grandes geschickt auf den Ursprung dieses Kummers zurück. Sofía Salgado, Dianas Schwester, ist von ihrem Mann betrogen worden und hat sich von ihm getrennt. Mit ihrer besten Freundin Marita versucht sie die tiefe Enttäuschung in einer billigen Ferienwohnung am Strand mit Nichtstun, Essen und Trinken und Flirten zu überwinden. Doch Nacht für Nacht hört sie das halberstickte Weinen eines Mannes, das sie mehr, als Sand und Strand es vermögen, vom eigenen Schmerz ablenkt. Aber auch als sie im Supermarkt zufällig zusammen einkaufen, spricht sie ihn nicht an, empfindet aber große Empathie mit dem Unbekannten. Am Tag der Abreise sehen die beiden Frauen, dass die Ferienwohnung des Mannes verkauft wird, und Sofía liest den Namen der Immobilienfirma. Für die Leser ist es an dieser Stelle sinnvoll, dem Stichwort *Immobilienblase* (*burbuja inmobiliaria*) vor allem im Zusammenhang mit spanischen Ferienwohnungen in Andalusien nachzugehen!

Martina
|
Marisa ⚭ Roberto
|
Carlos

Enkel Carlos sucht seine Großmutter Martina in ihrer geräumigen madrilenischen Altbauwohnung und befürchtet schon das Schlimmste, als sie auf mehrmaliges Rufen hin nicht erscheint. Sie lebt allein, und ihre Hauptverbindung zur Außenwelt sind Radio und Fernsehen. Die meisten Nachrichten deprimieren sie allerdings, überall ist von der Krise die Rede, nicht einmal den Friseur können sich viele mehr leisten, und als ihre Tochter Marisa nach dreißig Jahren ihren Arbeitsplatz beim staatlichen Fernsehen verliert, versteht Martina die Welt nicht mehr und möchte irgendetwas gegen so viel Tristesse tun. Also besinnt sie sich auf das fröhlichste Fest des Jahres, das auch den Zusammenhalt der Familie symbolisiert – Weihnachten –, und stellt mitten im September den großen Plastikweihnachtsbaum auf, mit Lametta, Kugeln und den farbig blinkenden Lichtern, in der Hoffnung sich und ihre nächste Umgebung positiv und hoffnungsvoll zu stimmen. Sie selber hat schon ganz andere Krisen erlebt, sie fürchtet mehr für Carlos' Generation, die eben doch aus weicherem Holz geschnitzt ist. An diesem Punkt darf sich jede/r Leser/in fragen, wann er/sie die Krise kriegt.

Amalia —	Mercedes —	Lorena —	Marisol —	Sandra
(Besitzerin des Friseursalons)	*(Maniküre, wurde gekündigt)*	*(Lehrling)*	*(Dienstälteste)*	*(jüngstes Mitglied im Team)*

Amalias wundersamer Friseursalon ist einer der Treffpunkte des Stadtviertels, in dem Kommunikation und Solidarität stattfinden. Eine Oase des Wohlbefindens scheint es vorerst zu sein, doch bald sieht sich das Geschäft mit der Schönheit und Pflege mit den Herausforderungen der Globalisierung konfrontiert. Gegenüber Amalias Salon richten acht emsig arbeitenden Chinesinnen ein neues Geschäft ein, das sich ausgerechnet als konkurrierender Nagelpflege-Salon entpuppt. Da die asiatischen Arbeiterinnen 12 und mehr Stunden am Tag arbeiten und alle gleich aussehen, glaubt Amalia, dass hier nicht alles mit rechten Dingen und gesetzteskonform zugehen kann. Doch auch eine Anzeige beim Amt bestätigt nur, dass die Konkurrenz ihre Papiere in Ordnung hat. Nachdem Mercedes, die für Nagelpflege bei Amalia zuständig war, schon entlassen werden musste, fürchten jetzt auch die anderen Angestellten des Friseursalons um ihre Anstellung. Das Wortspiel am Ende der Episode (*chinas* = Kieselsteine/Chinesinnen) deutet an, dass Amalias Geschäft weit größere Steine in den Weg gelegt werden und die globale, freie Marktwirtschaft sie in die Krise stürzt.

Marisa ⚭ Roberto
|
Carlos | Laura

Marisa ist die erste, die von der Krise in ihrer Existenz getroffen wird. Nach dreißig Jahren Redaktionsarbeit beim staatlichen Regionalsender Telemadrid verliert sie wie weitere 924 Angestellte durch einen Gesetzeserlass (ERE = *Expediente de Regulación de Empleo*) ihre vorher unkündbare Beamtenstelle. Retrospektiv sehnt sie sich nach dem Stress und der Doppelbelastung als Vollzeitberufstätige und Hausfrau mit Familie. Die goldenen Jahre mit einem 14–16-Stunden-Tag scheinen ihr wesentlich attraktiver als ein Vollbad in Totes-Meer-Salz mit Duftkerzen. Besser fand sie es, Familie und Arbeit unter einen Hut zu bringen, auch wenn sie sich manchmal ein wenig Freizeit gewünscht hätte. Jetzt verbringt sie ihre Freizeit mit Arbeitssuche und tröstet sich mit der Tatsache, dass ihr Mann nur eine Gehaltskürzung hinnehmen musste und Sohn und Tochter weiterhin studieren können.

María Gracia ←→ Antonio

Maria Gracia und Antonio leben am Rand der Gesellschaft und haben die besten Jahre ihres Lebens schon seit geraumer Zeit hinter sich. Beide hätten genug gemeinsam, um sich gegenseitig Gesellschaft leisten zu können: die Einsamkeit, den mühsamen Alltag, die Kommunikationslosigkeit, den Wunsch, doch noch einen Lebensgefährten zu finden, und die Bar in der U-Bahn, in der sich jeden Wochentag ihre Wege kurz kreuzen. Ein Wort, eine Frage, ein Kommentar könnte genügen, damit der Topf seinen Deckel findet, aber immer wieder verschieben sie den guten Vorsatz auf morgen. Warum, fragt man sich als Leser, funktioniert die spanische Bar für die beiden nicht als Kommunikationszentrum?

Rosario (= Edelmira) ⚭ Juan | Alfredo

Pascual ⚭ Mari | Charo | Ana | Alfredo

Lucía | Jaime   Enrique | Rosa

Als wahres Kommunikationszentrum fungiert Pascuals Bar! Obwohl es seit Ausbruch der Krise weniger reservierte Tische und Firmenfeiern gibt, treffen sich immer noch Elternvereine, Stammgäste oder Nachbarschaftsvereine in seiner Bar, und wenn jemand sich gerade kein Getränk leisten kann, so stellt ihm Pascual doch ein Glas Wasser gratis auf den Tisch. Als seine Mutter schwerkrank im Spital liegt, besucht er sie, hört aber nur halbherzig ihrer Geschichte einer gewissen Edelmira zu, die in Wirklichkeit sie selber ist. Ironischerweise leiht er ein Ohr der kitschigen Telenovela im Fernsehen, die fiktive Unwahrscheinlichkeiten aneinanderreiht, um Quote zu bekommen. Zu ungeheuerlich ist die Lebensbeichte einer Frau, die in einer moralisch strengen und gesellschaftlich repressiven Umgebung aufgewachsen ist, also verpackt sie –am Ende ihres Lebens angekommen – die Tatsache, dass alle ihre vier Kinder in Wirklichkeit vom Bruder ihres Mannes stammen, mit dem sie vier Sommer lang eine heimliche und stürmische Beziehung hatte, in eine Geschichte über ihre Freundin Edelmira. Vier Wochen braucht Pascual, um nach dem plötzlichen Ableben seiner Mutter die ganze Wahrheit zu entdecken. Beim Aufräumen des Elternhauses mit seinen Geschwistern ist ein Foto von Onkel Alfredo aufgetaucht, und am nächsten Morgen, beim Öffnen der Bar, fallen ihm die Geburtsdaten seiner Geschwister ein, und dann fällt es ihm wie Schuppen von den Augen: ihr biologischer Vater ist Onkel Alfredo, der kinderlos im fernen Deutschland verheiratet ist. Wird dies Pascual und seine Geschwister in eine existentielle Krise stürzen? Überlegenswert für die Leser ist auch die Frage, wie sich die aktuelle spanische Emigration nach Deutschland mit jener der 50er- und 60er- Jahre vergleichen lässt.

Pepe Martínez ⚭ Diana Salgado

José | Mariana | Pablo

Immer, wenn Pepe Martínez in wichtigen Lebensabschnitten Schlimmes befürchtet, schwillt sein linker Kiefer dermaßen an, dass sein Gesicht beinahe monströse Züge annimmt. Sein Chef hat ihn für Montag in sein Büro vorgeladen, um die Umstrukturierung der Firma mit ihm zu besprechen. Im schlimmsten Fall würde er seine Stelle verlieren, was für seine Familie existenzbedrohend wäre. Dass am Ende »nur« sein Lohn um 10 % gekürzt wird, ist schon fast eine Erlösung für ihn in einer Zeit der Entlassungen, des Stellenabbaus und der Auflösung von ganzen Abteilungen, vor allen in staatlichen Betrieben. Und von einem Moment auf den anderen ist auch die Zahnfleischentzündung wieder weg.

Sebastián — Tomás

Sebastián war als Baumeister selbstständig und erfolgreich. Doch mit der Immobilienblase ist auch der Bausektor am Boden, und seine Firma muss Konkurs anmelden. Die Ferienwohnung, in der Sofía ihn weinen gehört hat, muss verkauft werden, um Schulden zu tilgen. Sebastians Frau will nicht in die Wohnung seiner Eltern ziehen – seine Mutter ist pflegebedürftig – und trennt sich von ihm, die Kinder bleiben bei ihr. Sein Freund Tomás bietet ihm einen Job als Parkhauswächter an, ausgerechnet in der Immobilienfirma, die seine Ferienwohnung verkauft hat. Sein Leben verbringt Sebastian jetzt in einem Parkwächterhäuschen mit Lektüre, Bewerbungsschreiben und Erinnerungen an bessere Zeiten, die Abende mit seinen Eltern, die eine Pflegerin aus Honduras eingestellt haben, weil seine Mutter dement ist. Sebastiáns Frau verhält sich extrem unsolidarisch und egoistisch, im Gegensatz zu seinem Freund Tomás, der sich fast schämt, ihm einen miesen Job in der Parkgarage anzubieten.

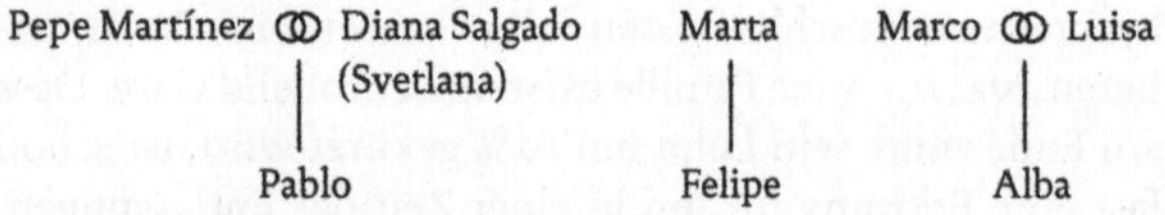

Über die jüngste Generation im Stadtviertel lesen wir zum ersten Mal von Zwangsräumungen. Pablo, Felipe, Alba und Daniel waren unzertrennliche Freunde, bis Daniels Eltern ihre Wohnung räumen und in die Peripherie von Madrid ziehen mussten. Die Kinder haben die Zwangsräumung miterlebt, sogar versucht, sie zu verhindern, aber ohne Erfolg. Als Felipes Mutter Marta das gleiche Schicksal droht, beschließen die verbleibenen drei, sich dagegen zu wehren, notfalls mit Gewalt. Dafür horten sie Benzin unterm Bett in ihren Kinderzimmern und erklären den erstaunten Erwachsenen, dass sie eigentlich stolz auf sie sein müssten, weil sie mit Molotowcocktails gegen den Stadtrat vorgehen wollten, der ja für die Delogierungen verantwortlich ist. Zum Nachdenken: Inwiefern verursacht auch hierzulande die Krise Kinderarmut, und welche Konsequenzen hat dies für die Gesellschaft?

Marta
|
Felipe

Mit der Schilderung eines Frauenmordes beginnt das finstere Kapitel zum Thema geschlechtsspezifische Gewalt, das in Spanien alljährlich besonders traurige Dimensionen erreicht. Niemand im Wohnblock hätte geglaubt, dass es so weit kommen könnte, und als eine ungenannte Frau von ihrem Mann erstochen wird, weil sie die Scheidung eingereicht hat, schütteln alle den Kopf und vestehen die Welt nicht mehr. Alle, außer Marta, die in einer ähnlichen Situation lebt und alles daran setzt, lebend aus ihr herauszukommen. Im Sommer, als ihr Sohn Felipe bei ihren Eltern auf Besuch ist, verlässt sie die gemeinsame Wohnung eines Morgens um 4 Uhr früh, heimlich, still und leise, und taucht mit ihm in einem anderen Stadtviertel in Madrid unter. Eine Frage, die dieses Kapitel aufwirft ist, ob die zunehmende Emanziaption der Frauen, vor allem in konservativen Umgebungen, auch eine Zunahme der Gewalt gegen sie mitbringt?

Pascual ⚭ Mari | María Isabel ⚭ Juan Francisco

Lucía | Jaime   Cristóbal | Andrea

Während Pascual am Telefon versucht, ein Weihnachtsessen in seiner Bar mit einem potentiellen Kunden zuwege zu bringen, sieht er seinen Schwager Juan Francisco im Fernsehen. Dieser ist in einen Bauskandal verwickelt und steht für die vielen Korruptionsfälle – vom kleinen Pfuscher einer privaten Baustelle bis zu den Landesregierungen verschiedener autonomer Regionen Spaniens, wie zum Beispiel die Regierung von Valencia,[2] die sich mit dem Bau neuer Schulen eine Milliarde Euro »zusätzliche Kosten« zusammen mit den Baufirmen unter den Nagel gerissen hat. Juan Francisco, der mit Maris Schwester verheiratet ist, war neureich, trug Markenkleider, schickte den Sohn auf eine Privatuniversität und tat immer ein wenig prahlerisch – Pascual gegenüber. Mari bewunderte ihn offen, während Pascual bei seinen Leisten blieb. Jetzt drohen Juan Francisco ein Verfahren und Haft, und er kommt ausgerechnet auf Pascual zu und bittet diesen um einen Job für Cristóbal. Widerwillig gibt er seine Zusage, es wenigstens zu versuchen. Mit den Schlagworten *corrupción – escándalo – constructora* findet jeder Leser sofort genauere Information im Internet.

Sofía Salgado ⟷ Pedro Ferreiro

Raquel Fernández —— Miguel Ferreiro

Diese kurzen Kapitel über die Beziehungen der Brüder Ferreiro haben weniger Bezug zur Krise, zeigen aber sehr unterschiedliche Lebensentwürfe. Sofía und Pedro treffen sich viele Jahre, nachdem ihre intensive Jugendliebe auseinandergegangen ist, wieder in Pascuals Bar. Erleichtert stellen sie nach dem Treffen fest, dass ihre Entscheidung damals doch richtig war. Pedros Bruder Miguel kann kaum

2 https://www.eldiario.es/cv/corrupcion/sobrecostes-colegios-repartieron-PP-constructoras_0_489601145.html (zuletzt aufgerufen am 18.1.2020)

glauben, dass seine attraktive Vorgesetzte bei der Polizei sich ausgerechnet in ihn verliebt hat. Doch bald stellt er erleichtert fest, dass auch *el Cuerpo*, wie die Kommisarin intern genannt wird, sehr menschliche Züge hat. Im zweiten Teil des Romans kann der Leser feststellen, dass eine solide Beziehung in Zeiten der Krise sehr hilfreich ist.

Amalia — Lorena — Guan-Yin ⚭ Cheung — 7 chicas chinas

Amalia ist zwei Tage vor Weihnachten guter Dinge, der Friseursalon brummt, und die Spendenkiste wird immer voller. Da schneien unerwartet drei Chinesinnen von der Konkurrenz gegenüber herein und erklären der verblüfften Amalia, dass sie sich die Haare richten lassen wollen und dass eine von ihnen heiraten wird und eine elegante Hochzeitsfrisur will. Am besten wäre es, wenn sie das mit der Braut selber bespräche. Amalia zögert nicht, es ist die große Chance, das Geheimnis der 8-Euro-Maniküre zu lüften. Als sie jedoch nur kurze Zeit später wieder zurückkommt, ist sie ein anderer Mensch. Weil Guan-Yin und ihr Verlobter Cheung nur am 25. Dezember heiraten können, willigt sie ein, die 7 Brautjungfern am Vormittag des hohen spanischen Feiertags zu frisieren und die Brautfrisur am Nachmittag zu stecken. Azubi Lorena hilft ihr freiwillig. Amalias Wandel ist das zentrale Thema des Kapitels und ein weiterer Beleg, dass »Krise« ein äußerst dehnbarer Begriff ist. Wie es zu diesem Wandel kommt und wie Amalia es schafft, auch solidarisch an die wirklich Armen des Stadtviertels zu denken, lohnt sich herauszufinden.

Pepe ⚭ Aurora

Pepe Martínez ⚭ Diana Salgado

José | Mariana | Pablo

In den Tagen vor Weihnachten macht sich die Krise im spanischen Gesundheitssystem bemerkbar. Diana befürchtet, dass die Ambulanz, in der sie arbeitet, geschlossen wird. Vorsichtshalber färbt sie sich die Haare zu Hause und überlegt, wie sie das Festessen an den Feiertagen möglichst kostengünstig vorbereiten könnte. Dabei ist gutes Essen und Trinken im Überfluss in Spanien immer noch ein Zeichen für Wohlstand. Pepe bringt schlechte Nachrichten von seiner Firma: Dieses Jahr gibt es keinen Weihnachtskorb für die Angestellten, womit das Fest noch frugaler auszufallen scheint. Grund für die finanziell klamme Situation ist der Kredit, den die beiden für das Ferienhaus am Meer zurückzahlen müssen. Da bietet überraschend Aurora an, das Abendessen für den 24. Dezember zu übernehmen. Ihre Generation ist im Bürgerkrieg und später mit Lebensmittelkarten aufgewachsen, kennt Hunger und Entbehrungen und versteht unter »Krise« etwas ganz anderes als ihre Schwiegertochter Diana oder auch ihr Sohn Pepe. Während Dianas Vorspeisen in manchen Ländern schon für ein Abendessen genügen würden, wundert sich die jüngste Generation, dass das alles sein soll am Heiligabend. Groß ist dann die Überraschung, als die Großeltern ein Festmahl anschleppen, das sich die Doppelverdiener Pepe und Diana nicht einmal ohne Krise genehmigt hätten. Dabei rückt auch hier Pepe Senior den Begriff »Krise« ins rechte Licht.

Rosario † (= Edelmira) ⚭ Juan † | Alfredo

Pascual | Charo | Ana | Alfredo

Enrique | Rosa

Im neuen Jahr, das auch neues Leben verheißt, möchte Charo ihren Kindern ihren Plan für die Zukunft unterbreiten. Nachdem sie ihre Stelle als Direktorin der Marketingabteilung eines Pharmakonzern verloren hat, seit vielen Monaten arbeitslos und seit Jahren verwitwet ist, läuft ihr langsam die Zeit davon. Es gibt für sie nur einen Plan: die Landwirtschaft ihrer Eltern in Toledo zu übernehmen, Felder und Weingärten wieder ertragreich zu machen und das Großstadtleben mit dem Dasein einer Landwirtin zu tauschen. Nachdem sich Rosa zunächst im falschen Film wähnt, ist Enrique als Agronom mit der Idee bald einverstanden. Rosa bleibt vorerst noch in Madrid, um ihr Studium zu beenden. Auch die Großfamilie unterstützt den Plan, Anas Schwager Sebas hilft mit dem Umbau, Jaime bietet an, eine Webseite zu gestalten, die drei Geschwister geben ihr 5 Jahre Zeit, das gemeinsame Erbe zu sanieren. Pascual unterstützt sie dabei am meisten, im Gegenzug muss sie das Familiengeheimnis mit ihm teilen. Wird die Umschulung von der Marketingdirektorin zur Bäuerin gelingen? Und wie geht Charo mit dem Familiengeheimnis um?

Jaime ⟷ Consuelo

Pascuals Sohn Jaime ist in sehr einfachen Verhältnissen aufgewachsen und ein Beispiel für den sozialen Aufstieg, der in Spanien sehr wohl möglich ist. Sein Vater schärft ihm immer wieder ein, wie wichtig eine solide Ausbildung ist, und er hofft inständig, dass Jaime nicht in seine Fußstapfen als Barbesitzer und Kellner treten möge. An der Uni platzt bei Jaime tatsächlich der Knoten, und er wird zum Jahrgangsbesten, was ihm wiederum die Studiengebühren erspart. Seine Kommilitonin Consuelo bewundert er aus der Ferne, und zufällig schaffen sie den Einstieg in dieselbe Firma. Nachdem Jaime befördert wird, traut er sich auch, Consuelo (= Trost!) zu einem Event einzuladen, muss sich jedoch mit einer Absage trösten. Nach mehreren Jahren ist Jaime in der Chefetage der Informatikfirma angekommen, während Consuelo immer noch zum Fußvolk zählt. Als sie sich jetzt plötzlich für den bestbezahlten Programmierer der Firma interessiert, hat Jaime jedes Interesse verloren.

Mohamed ⚭ Fátima — Marita — (Diana) — Amalia
| | | |
Ahmed — Edu — Mariana — Santi

An diesem Höhepunkt der Krisensituation im Stadtviertel berühren sich die Radien mehrerer Protagonisten. Als Ahmeds Eltern die Kreditraten für ihre Wohnung in Pinto nicht mehr aufbringen können, verlieren sie diese an die Bank. Auf Grund der spanischen Gesetzeslage müssen sie dennoch die Kreditraten weiter zurückzahlen. Ahmeds spanische Freunde besetzen ein leerstehendes Hotel in

Madrid, wo er und seine Familie unterkommen können. In diesen Szenen ist es vor allem die junge Generation, die unbekümmert hilft und sich dabei wenig um Herkunft, Hautfarbe oder Gesetze kümmert. Edu und Mariana sind aus Spanien, Santi ist aus Ecuador, und mit Ahmed aus Marokko verbindet sie eine tiefe Freundschaft. Edus Mutter Marita setzt sich als Rechtsanwältin für die von der Krise am härtesten betroffenen Familie ein. Mit anderen Rechtsexperten zusammen versuchen sie, wenigstens die Rückzahlungen der Kredite auszuhebeln. Ahmeds Mutter Fatima hofft immer noch, auch die Wohnung wieder zurückzugewinnen, aber Marita weiß, dass dies aussichtslos ist. Fatima kennt auch Marianas Mutter Diana von der Poliklinik, in der sie auch behandelt wurde, als ihr die Sozialversicherungskarte abgenommen wurde. Während Ahmeds Vater Mohamed sich am liebsten zurückziehen würde, nimmt Fatima die solidarische Hilfe der Freunde ihres Sohnes dankbar an. Überhaupt sind es die Frauen an diesem Höhepunkt der Krise, die sich gegen die enorme Ungerechtigkeit der faulen Kredite wehren. Wer sich genauer mit dem Thema beschäftigen möchte, findet auf *elpaís.com* eine detaillierte Darstellung, wie es zu fast 700 000 Zwangsenteignungen seit 2008 in Spanien kommen konnte.[3]

An diesem Punkt des Romans hat sich die Krise für die Protagonisten voll entfaltet. In der zweiten Hälfte lesen wir, wie die Protagonisten mit der für sie neuen Situation umgehen. Wem der ganze Roman zu umfangreich ers-

3 https://elpais.com/especiales/2013/desahucios/ (zuletzt aufgerufen am 18.1.2020)

cheint, kann immerhin im Epilog *Después* (S. 317–327 der Originalausgabe) herausfinden, ob sie damit zurechtkommen oder daran scheitern.

Klaus Amann

Inhalt